がんばらない生き方で充実した人生を手に入れる

宮崎ゆかり 著

セルバ出版

はじめに

「ゆかりの言の葉」と称して、心が元気になる言葉を書き綴るようになってから、今年で10年目になります。

今まで、仕事も人生も自分の思うがままに進むことができたのも、多くの人と出会い、そして出会った人達から、たくさんのよい言葉をいただいたからに過ぎません。

自分の人生を振り返ってみてわかることは、人は、結局自分が言っている言葉通りの人生になっているということです。

いつも愚痴を言っている人、いつも怒っている人は、そんな人生になってしまいます。逆に、いつもよい言葉を言っている人は自然によい人生になっていくのです。

私は、何の資格もなく、言葉もわからないまま、25年前、海外生活を始めました。この期間、ドラマでもあり得ないほどの波乱万丈な人生を送っています。「山あり谷あり」というよりも、「ローラーコースター」のような人生です。

それは、50歳を目前にした現在でも続いています。ただ、ドラマのような出来事は毎日のようにありますが、自分の好きな生き方ができているという満足感はいつも持っています。

本書では、私の経験と人との出会いの中で学んだよい言葉を「充実した人生を手に入れる言葉」としてご紹介しています。

自分自身の経験を振り返って、心に残る言葉を書き綴っていたことで言葉通りの道を歩んでくることができたので、それを一人でも多くの方にシェアできればと思っています。

皆さんが、自分の目的地がわからなくなったときに、さまざまな壁に直面したときに、本書がメンター的存在になることができれば、これ以上嬉しいことはありません。

ハワイより　宮崎　ゆかり

2013年7月

がんばらない生き方で充実した人生を手に入れる　目次

第5章 いざアメリカへ、単身渡米までの道のり 29歳

第6章　チャンス到来！　自分を信じて覚悟を決める　33歳

第7章　気がつけば起業ＩＮアメリカ　38歳

未来の章　50歳からの分岐

第1章　大人への切替時期　自分更生の18歳

1 思いに勝る力はない

最初の分岐点は思春期

私の最初の分岐点は思春期でした。大人への階段を上っていく過程で、多くの方が不安になったり、両親に反抗する時期です。私の場合も例外ではありませんでした。

当時、私はスポーツ選手になりたいという夢を持っており、スポーツで有名な高校への進学も真剣に考えていました。しかし、膝の故障で夢を断念してから抜け殻のようになってしまったのです。

勘違いして非行に走る

クラブ活動を辞めてからは、今後何をしたらよいのかわからず、それを誰にも相談することなく、一人で悶々とした日々を過ごしていました。自分の心の弱さから、逆に強くなりたいという思いを勘違いして非行に走ってしまいました。心配する両親をよそ目に、学校も欠席が増え、友達も一変しました。

状況は、日々エスカレートする一方でしたが、それに反して、心の中では「誰か助けて！」と毎日叫んでいました。

母が何気なく口にした言葉がきっかけ

「助けられた瞬間」、それは、学校を辞めようかとも思っていた高校３年生の５月、母が何気なく口にした一言がきっかけでした。

「ゆかり、もし、子供の頃からの夢でもあった看護師になりたいのなら、国立大学に合格するつもりで勉強しなさい。そうしたら、パパも説得できるから」

その瞬間、自分が幼少の頃に原因不明の病気で長期入院していたことや、そのときに優しくしてもらった看護師さんのようになりたいと思っていたこと、そして母が毎日電車で病院にきて、朝から夜までベッドに付き添っていてくれたことが走馬灯のように頭をよぎりました。

自分の心が変わらなければ、本当の変化はできない

そのとき、母や周囲の人々に申し訳ないと思う気持ちと同時に、もう一度チャレンジして新しい夢を追いたいと心から思ったのです。

翌週から看護師になるための学校にも通い、夏休み返上で毎日塾通いをしました。残念ながら、希望の大学に入学することはできませんでしたが、自分の意思で学びたいと思ったこの日を境に、私は大きく成長することができました。

何事も、頭ではわかっていても、自分の心が変わらなければ、本当の変化はできません。

心が悲鳴をあげているときは、騒いだりもがいたりすると余計に深みにはまってしまいます。そんなときは、「まあいいか」と軽く考えたりすることで意外に早く解決できます。

２ 自分の弱さを正直に受け入れる

素直に受け入れることができない

何事に対しても素直に受け入れることができず、反抗的になってしまうと、相手だけでなく、自分自身が一番傷つきます。同時に、そのような状況でよい人間関係を築くなんてできるわけがありません。

仕事においても、プライベートにおいても、一番大切なことであり、また悩みの種になってしまうのも人間関係です。

私も、未だに人間関係に悩むことがありますが、人間関係を良好にするために一番必要なことは、自分のほうから相手に飛び込んでいくことです。

「どうやって飛び込むのですか」と聞かれるかと思いますが、まずは自分の心をオープンにして相手の懐に入り込んでいくことです。

高校時代、私は、突っぱっていたことがあって、担任の先生から挨拶されてもろくに返事をしない時期がありました。

一度返事をしなくなると、次から余計に話づらくなるという悪循環に陥り、どんどん深みへとはまっていきます。そして、最終的には取り返しがつかないような状況になってしまいます。

最初は、担任の先生も私に気遣って、何かと話かけてくれましたが、こちらがいつまでたっても返事をしないので、最後には先生も呆れて話をしてくれなくなります。そんな状況が2年間ほど続きました。

担任の先生と初めて話ができた日

大学進学を決めた翌日、私は職員室に行き、担任の先生に進路相談をしました。高校生になってから、職員室に入るのも、この日が初めてでした。先生は驚きながらも、たどたどしく話をする私の話に終始耳を傾けてくれました。

母と進路について話合ったことや、今の自分の気持ちの変化を、説明しているうちに、涙が溢れ出して止まらなくなりました。長年着用していた、「反抗期」という鎧が脱げた瞬間でした。

「自分をオープンにすることというのは、自分の弱さや欠点を相手に先に見せてしまうこと」が一番の近道なのだと身をもって感じました。

人は皆、心の底に自分を認めてもらいたい、よく見てもらいたいという気持ちを持っています。そのことが起因して、自分自身が構えて相手に接してしまう要素にもなってしまいます。逆に、最初から自分の欠点や弱さを相手に見せた場合はどうでしょうか。まず、自分自身が、自然に相手に接することができるので、気負うことなくスムーズな会話ができます。

また相手も、あなたに、「信頼感」を持ち、心を開いてくれますので、良好な人間関係が容易に構築できるようにもなるのです。

自分の弱さを認めたとき

現在、日本から多くの人が、自分探しのためにハワイまでやって来ます。何かのきっかけで学校に行けなくなってしまった子供達、何をしたらよいのかがわからなくなってしまった大人など、さまざまな人がいます。

改善に要する期間は人によって異なりますが、皆さんに共通するのは、ある日突然、自分の心の中で変化が生じ、その壁を破ってしまうと、後は突如気持ちが変化するということです。

【弱さを受け入れる】

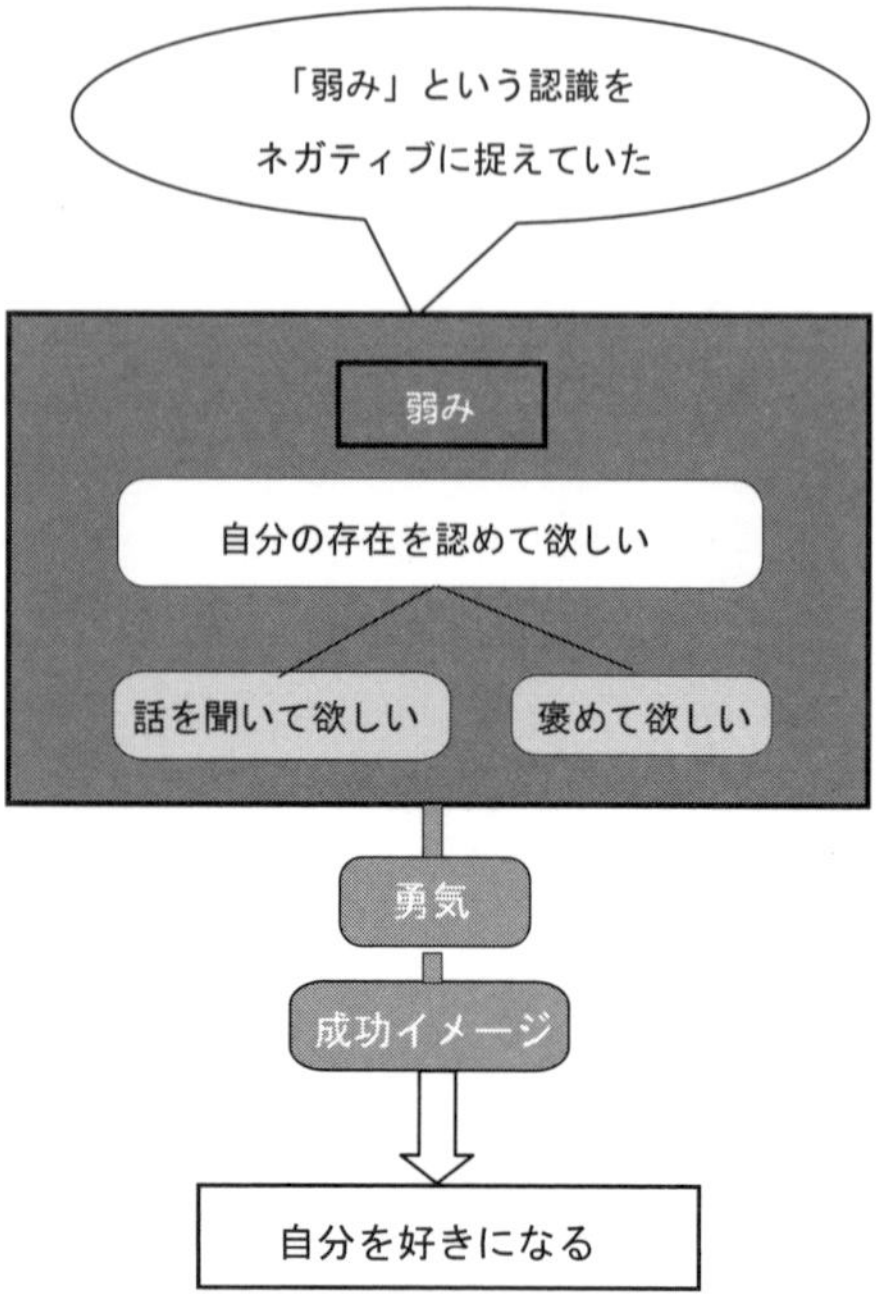
「弱み」という認識を
ネガティブに捉えていた
弱み
自分の存在を認めて欲しい
話を聞いて欲しい
褒めて欲しい
勇気
成功イメージ
自分を好きになる

そして、そのとき今まで溜まっていたものを全部吐き出してしまうので、涙が止まらなくなってしまうというのも皆共通しています。

自分の弱さを認めたときです。自分自身をいとおしく大切に感じる瞬間です。

この瞬間を境に、相手とも本音のお付き合いができるようになります。

3 いつも守られていることを意識する

親に反抗して家出

「私は今まで誰の力も借りずに一人でやってきました」という人がいますが、それは間違いです。人間一人で生きていける人はいませんし、気づかないところで多くの人たちの力を借りながら、毎日の生活を送っているのです。私も高校生の頃は、親や先生の言うことには全く耳を傾けず反抗し、「一人でやっていける」とよく言っていました。

本当は、暗闇から抜け出す方法がわからず、それを悟られないために強がっていただけなのです。自分は弱いのをわかっていながらも、それを表に出すのはタブーだと思い込んでいるのです。

そんな強がりから、親に反抗して家出をしたことがありました。その日は、近くの女友達に家に泊めてもらったのですが、家出中、私はどこにも出かけず友達の家にずっといました。

とんでもないことをしてしまったという思いがすぐにこみ上げてきたのですが、自分から母に電話をする勇気もなく、ボーイフレンドに相談しました。彼からは叱られ、すぐに母に謝るように言われたのですが、謝る勇気もありません。結局はボーイフレンドが、面識のない私の母に電話をしてくれて、「ゆかりさんを家に戻します」との流れになったのです。最終的に最寄駅まで彼についてきてもらい、母に引き渡されて2日間のプチ家出は幕を閉じました。

家出娘を笑顔で迎え入れてくれた母

家までの道中、母は苦笑いを浮かべながら、何も言わず私の前を歩き、また私も母の背中を見ながら黙って後ろからついていきました。そのとき、私は「母はきっとボーイフレンドの家に泊まっていたと思ってるんだろうな」なんて考えていました。

ただ、このことに関しては、未だに母には何も言っていませんし、母も話題にも触れません。きっと、母にとっても、忘れてしまいたいほどショックな出来事だったのだと、自分なりに理解しています。普段は叱る母が何も言わず、逆に作り笑いを浮かべていたのです。うまくは言えませんが、私自身も感じる部分があり、素直に口に出して謝ることは未だにできていませんが、生涯忘れることのできない出来事です。

母に守られている

素直に謝れない自分に腹が立ちました。翌日からの母は、不自然に私に気遣う親に変わってしまいました。一方私のほうは、少しずつですが、母や家族と会話をするようになっていきました。

この日を境に、母に守られているんだと強く感じました。そう思うと、友達や周囲の人達からも守られているのだというのが自分で理解できるようになってきました。

そして今、海外生活をして特に思うことは、国籍、性別関係なしにいつも人に助けられているから今の自分があるということです。母が私の幼少時代からいい続けていた言葉「ゆかりは人に助けてもらって大きくなってるんだからね」というのが、今では私の人生の基本の言葉になっています。

４ 怒りからは何も生まれないことを知る

腹が立つと目先のことを考えずに言葉が先に出る

怒りからは何も生まれないというのは、皆さん周知のとおりです。特にカッとしてとっさに出てしまった言葉についていては、時間が経過して落ち着いてから後悔するのですが、既に言ってしまった言葉は取り消すことができません。

私は幼少の頃から、「親族の中で一番我慢のできない子」と言われていました。感情がそのまま顔に出て、腹が立つと目先のことを考えずに言葉が先に出ていました。私が機嫌を損ねるのを恐れて、妹は私との距離を置いている時期もありましたが、元来、口下手で理論立てて話すことが苦手だったことも関係して、理詰めで話をされると、返す言葉に困って捨てセリフが出てしまっていたのです。

腹が立ったらまず24時間我慢してみる

高校生のときは自分の気持ちを紛らわせるために他人と目が合っただけで喧嘩になった時期もありました。結局は思春期の自己逃避だったのですが、当時の自分の写真（ほとんど捨てましたが）を見ると、まったく別人で鬼のような形相をしています。

「思春期だったから仕方ないよ」と、ひとくくりで片づけてしまうのはあまりにも安易かもしれませんが、怒るということでプラスになることは何もありません。

私の場合、両親や先生と話し合いをする中で、徐々に気持ちが安らかになっていきました。

感情を隠さずに表に出すことは大切なことです。ただ、人を傷つける暴言を吐いたり、他人を気遣わずに怒鳴ることはよいことではありません。最終的に傷つくのは、自分自身なのです。

どうしても我慢できないほど腹が立ってしまったときは、少し深呼吸してから考えるようにする、そしてそれができるようになれば、さらに数時間、そして24時間はじっと我慢してから言葉を発するように心がけるだけで、状況はかなり改善されます。


【怒りの温度計】

コントロールとマネジメント

経過時間	温度	症状
0分	100℃	キレる、怒り爆発 コントロール不能 ≪処方≫ ・黙って口を開かない ・場所を変える ・目を閉じる
数時間	70℃	ムカムカ、イライラ コントロールは何とか可能 ≪処方≫ ・他のことをする ・もとの話題に触れない ・自然を見る
24時間	40℃	ゆったりした リラックス状態

上図は、怒りの度合いと経過時間による変化表ですが、100℃の沸点で感情のままに言葉を発するのは、自身がキレている状態なので、コントロールも不能です。

まさに油に水を注ぐような状態です。

5 回り道は必要な道

随分回り道をしたかな

高校を卒業して思ったこと、それは随分回り道をしたかなということです。「当時の自分に戻りたいか？」と聞かれると、「戻りたくない」と即答します。また「高校生活をやり直したいか？」と聞かれると、「やり直したくない」と答えると思います。

もしやり直しできたら、現在とは異なる環境におかれているかもしれませんが、高校時代の思春期があったからこそ、今の自分があると思えるようになったからです。

今考えると、すべてが必然であって、無駄なことは何もなかったのだと確信しています。

当時、寝ても覚めても自分が現状からどうすれば脱出できるかを考えていましたが、脱出できず、それを間違った方向に転換していました。

母親には迷惑もかけましたが、反発するばかりで、助言を素直に受け止めることもできませんでした。自分が決めたことです。ですから、誰に責任転嫁することもできなかったので、反発はひどくなる一方でした。

しかし、今思い起こすと当時の自分があったからこそ、今では何が起こっても他人のせいにはしないように心がけられるようになったのです。

【悩んだ分　幸せの人生】

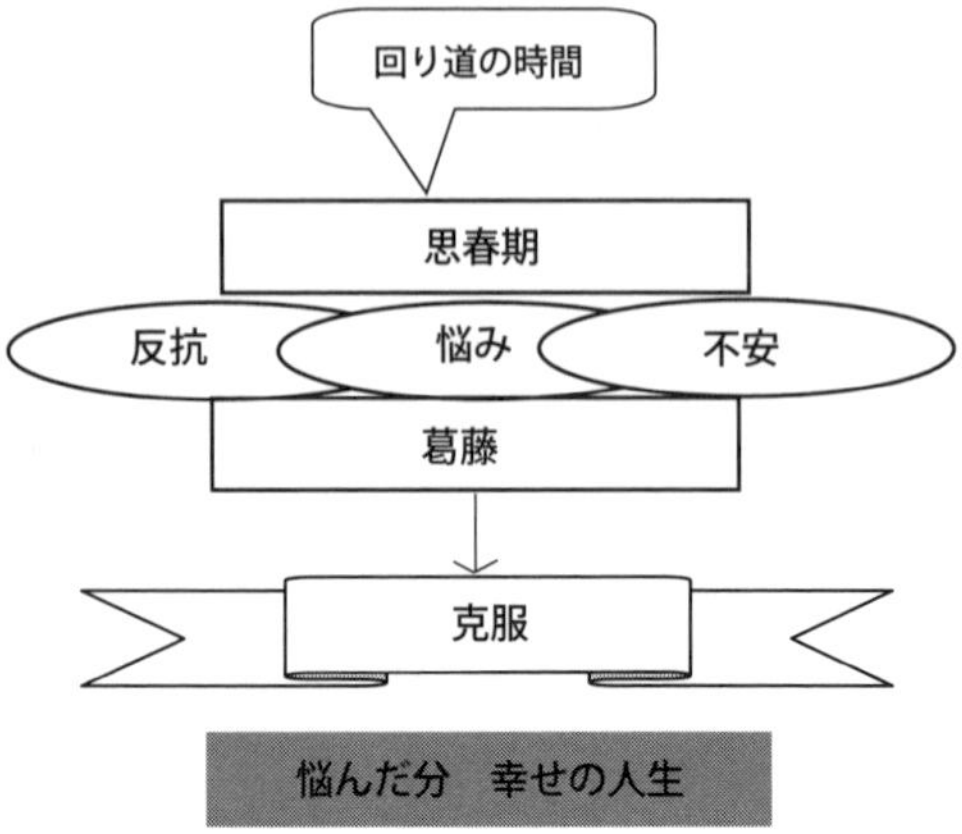

回り道の期間が長い人ほど大きな幸せがやってくる

今では他人のせいにしないというのが、自分の指針にもなり、大失敗しても騙されても自分が納得して決めたことだからと割り切れるようになりました。

また、割り切りができるようになってからは、何があっても動じなくなりました。

高校時代はきっと回り道の時期だったのです。

私の回り道の時期は思春期でしたが、30代、40代に回り道を経験する人もいます。

ただ、回り道は必要な道です。まっすぐ人生を終える人は皆無なのです。

回り道があるからこそ、それが自分自身の経験となり、次に現れるまっすぐな道で、ステップアップができるのです。

「私はずっと回り道をしている」なんて決して悩まないでください。

回り道の期間が長い人ほど、後に大きな幸せがやってくると確信しています。

6 相手に変わってほしいと思ったら、まずは自分が変わること

相手に受け入れられるのに一番重要なポイント

当時の自分の写真をみると、笑うことがまるで罪だったかのように笑っている写真がありません。逆に、睨みつけているような写真がほとんどです。あまり記憶に残したくないことですが、それが格好いいと思っていたのです。

ただ、最初は格好をつけてしていることでも長期間継続することで習慣になり、それが、本当の自分に変化していくのです。当時、私の目つきを見て母が泣いていたことがありました。

「目は口ほどにものをいう」といいますが、私が改心しようと決めたときに、まず最初に意識して変えたのは人の目を見て笑うということでした。数年間は笑うこともなかったので、すぐに笑うというのは大変なことでした。人の目を見て話をするのにも時間を要しました。しかし、担任の先生をはじめ、周囲は私が変わろうとしているのをわかってくれたのか、根気よく話を聞き、目を見て話をしてくれました。毎朝、鏡の前で歯を見せて、笑顔の練習をしたことを思い出します。

人と話をするときは笑顔をつくる

「アイコンタクトで自分の武装を解除」できれば、たいていの人間関係は良好になります。今では、

笑って写真を撮影することが習慣になり、逆に睨むことなんてできなくなりましたが、笑顔が習慣になるまでに、数年を要しました。悪気はなくても、つい人を睨んでしまう習慣ができてしまっていたのです。自分が変わらなければ何も変わりません。

まず、今日からできることとして、人の目を見て話すことです。最初は大変かもしれませんが、人と話をするときは笑顔をつくる習慣づくりからはじめてみてください。面白いほどに人間関係がスムーズにいくようになります。

アメリカ人の笑顔

皆さんもご存知かと思いますが、アメリカでは写真を撮る際に必ず全員が満面の笑顔をつくります。私も今では写真を撮るときは、自然に笑顔がでるようになりました。習慣とは不思議なものです。

先日、子供達のゴルフレッスン風景を撮影した際も、カメラを向けると子供達は何も言わなくても笑顔をつくります。カメラマンからの「2分間そのまま笑って」のリクエストにもきちんと答えていました。これはアメリカの良き文化だと思います。いくら腹が立っていても、何があっても写真撮影になると自然に笑顔をつくるのです。

日本も写真撮影をする際に、笑顔をつくる人が多くなりましたが、アメリカとは少し異なります。普段からの習慣というのはすごいもので、子供ながらにずっと笑顔でポーズをとっていることに、驚くことがあります。笑顔をみると、親近感は一気に近づくものなので、この慣習は日本でも浸透していけばよいと思っています。

7 「ありがとう」「ごめんね」の言葉で人間関係が良好になる

たくさんのハッピーを失った

16歳から18歳、一番大切なものを見失い、そして一番大切なものが何かもわかりました。ほんの少しのボタンの掛け違いから「ありがとう」「ごめんね」の言葉を失った時期です。それが原因でたくさんのハッピーを失いました。

長年のストレスと不幸の原因は、ただこの２つの言葉が欠けていたからに過ぎないのです。ただの言葉といわれるかもしれません。

皆さんは、この２つの基本的な言葉がないだけで、どれほど多くの人達が争いになっているかを考えたことがあるでしょうか。

私もそうでした。ですから、自分自身を律しようと思ったときに、人から「ありがとう」と言われて生きていきたいとも思いました。

人は誰もが、人に必要とされたいと思っています。それは私も一緒です。

簡単でそしてあまりにも当たり前過ぎることだから忘れがちになり多くの争い事の要因ともなってしまうのです。

今日から「ありがとう」の言葉を意識していってみるようにしましょう。

【人間関係の基本】

やはり人から「ありがとう」といわれたい

自分を変えようと決意した18歳のある日、母が言いました。

「今まで迷惑かけたと思う分、壁に向いても頭を下げるような気持ちで生活してごらん」と。

そのときの母の言葉は、数年ぶりに素直になった私への最初の助言であったこともあり、それは現在に至るまで自分自身の教訓にもなっています。

簡単なことですが、なかなかできない「ありがとう」「ごめんね」を自分自身の口癖になるくらい素直に言えるようになれば、結果自分が一番ハッピーになれるのです。

それに比例して人からも「ありがとう」といわれる回数が増えてきます。

自分のしたことは、最後自分に返ってきます。

「ありがとう」の言葉も同様です。

一言で人生が好転する魔法の言葉です。誰にでもできることなので今から始めてくださいね。

第2章　自分の将来を初めて考える　22歳の分岐点

1 真っ白な自分とゼロから学べる強みを生かす

白紙の就職テスト

21歳の夏、大学卒業を目前にＩＴ企業、旅行会社、エンターテイメント関係と、約20社ほどの就職試験を受けました。結果、ＩＴ企業はすべて不採用で、第一志望の吉本興業も一言ギャグがウケず面接会場が静まり返り不採用。

最終的に、旅行会社数社からの内定をいただきました。

就職を決めた旅行会社の就職試験は、英語のヒアリングでした。当時、英語が全くわからなかった私は、試験用紙は白紙のままで、代わりにお客様に対する思いを日本語で書いて提出しました。

ヒアリングテストは全くわからなかったので、何も書くことができなかったのです。試験後数日は自分自身を情けなく思い、かなり落ち込みました。

白紙で出した会社から採用通知

そんな落ち込みから2週間後、試験を白紙で提出した旅行会社から採用通知がきたのです。

それも、海外添乗課（海外添乗員）配属です。嬉しかったのと同時に、何かの間違いではないかと思わず会社に確認の電話をしました。

人事担当者からは、「中国は英語があまり必要ないので、英語はこれから勉強してください」との有難い言葉をいただいたのです。

入社してから、私の就職面接をしていただいた上司に、「どうして私が選ばれたのですか」と率直な疑問を投げかけたところ、「知りすぎているより、何も知らないほうがいいこともある。それに、宮崎っていう名字の先輩4人はいい仕事をしているからね」と、冗談か本気かわからないような答えが返ってきたのです。このときは心から、自分の苗字に感謝しました。

【強みと弱み】

今考えても、試験用紙の裏側に答えの代わりに作文を書いたなんて信じられませんが、切羽詰ってした策です。

しかし、後に何もできないことでも評価の対象になることがあるのだと身をもって体験した出来事となりました。

私も、現在では、人を面接する立場になりましたが、時折風変わりな回答を聞くと当時の自分を思い出してしまいます。

② 直感に従う

店のオーナーママが意識不明で集中治療室

大学時代、知人に頼まれアルバイトをしたラウンジの仕事が楽しく、気がつけば3年が経過していました。女性が20人ほど働いているお店でしたが、アットホームな雰囲気で週3、4回学校が終わるとアルバイトしていました。

店のオーナーママは子供がいなかったこともあり、私を本当の娘のように可愛がっていただき、1週間に数回は一緒に食事をするまでになっていました。レストランに行っても、ママは私のことを娘と紹介し、私もママには何でも話をしていました。

そんな楽しい日々が1日にして一変したのは、私の言動が発端でした。大学卒業も迫ったある日、私はプロの水商売の男性に流されるがままに大阪のクラブで働こうと、ママに相談しました。就職が決まり、ママを含む周囲が喜んでいた矢先のことです。ママは涙して私に就職を勧めましたが、それを振りきって最後には店を飛び出したのです。

2日後、ママのことが気になって電話を入れたところ、ラウンジのマスターが電話口で泣き崩れました。ママは私が飛び出した翌日、脳梗塞で倒れて意識不明の状態で集中治療室にはいっているとのことでした。頭が真っ白になり、すぐに病院に駆けつけましたが、ママは体中にチューブをつけて意識不明の状態で集中治療室で眠っていました。

22歳でラウンジママ

「ママが戻ってくるまで、店を経営します」

マスターを前にして、集中治療室の入口付近で、最初に出た言葉でした。

呆然として、その後に自分が何を言ったかは覚えていません。周囲は私を気遣い、何も言いませんでしたが、ママが脳梗塞で倒れた原因は私の言動にあることは誰もがわかっていました。

その後、ママは大変なリハビリを乗り越えて1年半後にお店に戻ってきましたが、右半身麻痺と言葉の障害は完全に治ることはありません。

当時、店を経営していたことは長期間封印していたことですが、後悔は全くありません。

体力的には大変でしたが、実家を出て一人暮らしをし、お客様と話をすることで、人に対する気持ちや価値観も変わり自分自身随分成長できた時期であったと思っています。自分で決断したことだから、何があっても弱音も吐けませんでした。

22歳でラウンジのママというと、世間では白い目で見られることも多く、常連のお客様からも「イキがるな！」とよく言われたものです。

ラウンジ経営に携わることについて母にも相談しましたが、私の目を見て「世間体もあるので、実家を出て一人暮らしをする覚悟があるなら出ていきなさい」とだけ言いました。

初めての一人暮らしは、楽しさより不安のほうが多く、親に対する有り難味を改めて感じたのもこの時期です。

人の生活や人生は、一瞬で激変する

このように、人の生活や人生は、一瞬で激変することがあります。

現在に至っても、海外にいると明日は何があるのかわからないと感じるような出来事が毎日のように起こります。

自分のしていることが正しいかは、誰もがわからないまま決断をして行動しなければならない場合もあります。

そんなときは、自分が決めたらそれに従って行動をすべきです。

もし、途中で間違っていると気づけば何度でも軌道修正をすればよいと思うのです。

人生はどの道を選ぶかでなく、選んだ道から出てくる問題を乗り越えることで光が見えてくるのです。

【どの道を選ぶか】

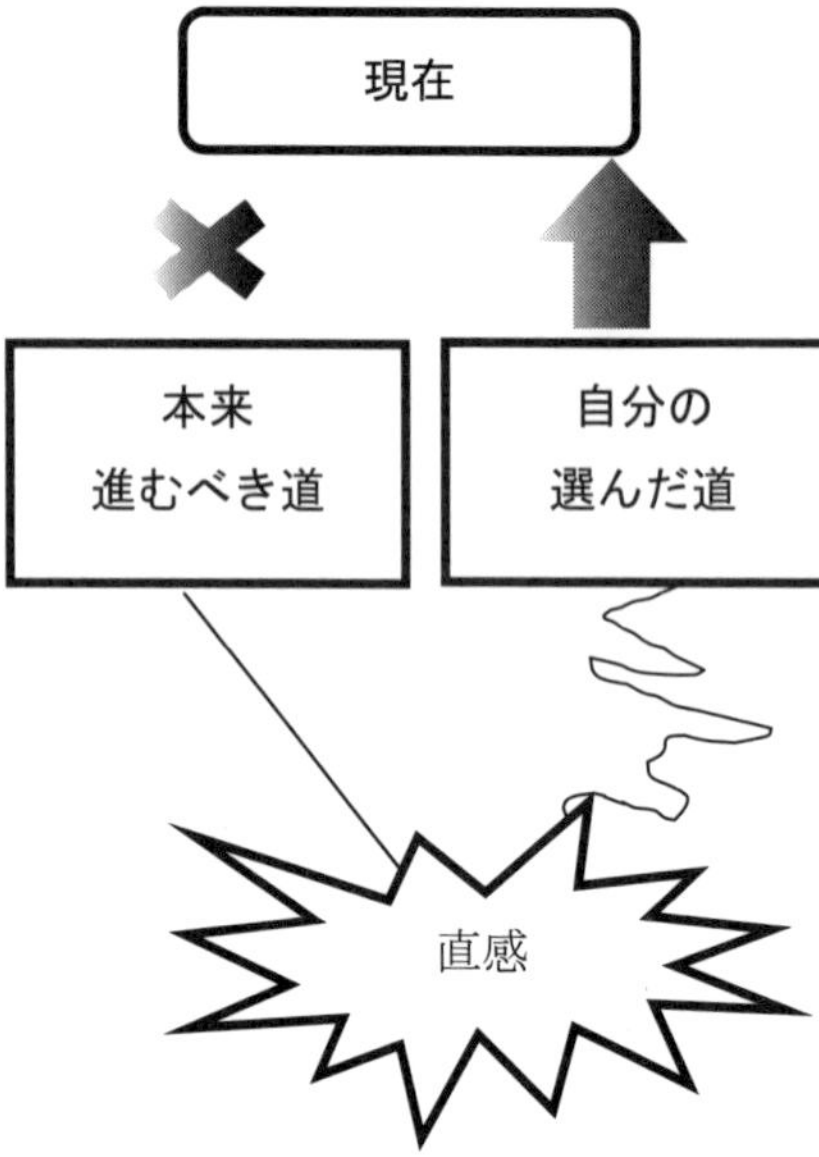

３　今できる範囲でベストを尽くす

水商売と添乗員のダブルワーク

病気で意識のはっきりしない、ママの代わりにラウンジを経営しようと決断した日の夜、スタッフ総勢20名が集まり、ミーティングをしました。ミーティングは、ママの病状説明から始まり、今後の運営、メニューや価格の変更、お客様への対応等、夜７時に始まり、明け方まで続きました。

私は皆の前で旅行会社の就職をお断りして、夜の仕事に専念しようと思っていることを説明しました。すると、マネージャーの女性が、「せっかく就職が決まったのに、あきらめるのはもったいないし、あまりにも安易な考えだと思う。辞めるのは、後からでもできるのだから、まずはできるかできないか両方やってみたらいいのでは」と口火を切ったのです。他のスタッフもマネージャーと同意見でした。

私は、出張ベースの仕事なので、２つの仕事をすることは無理だと言い続けましたが、「難しいということもわかっているけれど、やってみてほしい」と説得され、結果皆の意見通り２つの仕事をすることになったのです。

１９８８年３月、22歳の出来事です。この日は私にとって人生最大の分岐点となりました。

ラウンジのスタッフは、男性３名に、女性が17名で、ほとんどのスタッフが私より年上です。大学生は私だけだったこともあり、女性スタッフからの、「家族に大学まで行かせてもらって、恩返しの意味も込めてお昼の仕事には行くべきだ」との言葉には心を動かされました。

ラウンジのマスターから無担保で借りた大金

職業柄シングルマザーも多く、それぞれのスタッフがさまざまな家庭の事情を持っており、毎日お酒を飲んで家族の大黒柱として働いていていました。

私は海外添乗員として年間半分以上海外に出張しながら、日本にいるときは、昼間は会社に行き、夜はラウンジに出勤するという生活が始まりました。皆の協力と理解があったからできたことで、楽しかったのですが、体力的にはかなり大変な時期でした。

昼も夜も接客業とはいっても、全く異なる業種ですので、身なりも変えなければなりません。例えば、店に入る前には美容室に行ってマニキュアをし、会社に行くときは髪をまっすぐにして、マニキュアも落としていくというパターンです。

この時期、私は親元も離れ、隣町のワンルームマンションを借りて生活していました。母に、「夜の仕事をするのであれば、近所の目もあるから住む場所は自分で借りなさい」と言われたからです。

当時の貯蓄はゼロでしたので、お店の権利購入や引越しにかかる費用等の合計3千万円を、ラウンジのマスターから無担保で借りた経緯もあります。

今振り返ると、信じられない出来事が連続で起こる毎日で、ドラマでもありえないような経験ができた期間でした。自分のことを、何も考えず無鉄砲であったと怖くも感じます。しかし、当時は何とかなるとしか考えませんでした。やるしかないという気持ちのみでした。またママが代わったラウンジに、昔からのお客様も足を運んでくれたことは心強い限りでした。

当時は将来の目的も夢もわからない中、今の環境でやっていくしかないと思いながら進んでいましたが、毎日が楽しくて仕方ありませんでした。子供と同じ気持ちだと思うのですが、見るものすべてが新しく、多くのことを吸収できた時期でもありました。

小さなことから始めるだけでもよい

私は元来深く考えることのできない性質です。新しいことが大好きですが、緻密な計画を組んだりコツコツと動くことが苦手です。進んでいるものの、その先のゴールが見えないままに行動していることも、日常茶飯事です。

いつもしたいことと、やるべきことがわかっていて毎日の生活を送っている人なんていません。ただ、大切なのは自分のやりたいことが見えなくても、立ち止まっても、置かれている状況の中で自分のベストを尽くすことです。

私の場合、ダブルワークはとても楽しかったのですが、話題から、言葉遣いを昼と夜で使い分けなければなりませんでした。毎日、美容室で軽く眠りながら自分の気持ちを切り替えることが一番重要なポイントになっていました。

ベストをつくすというのは、何も難しいことではありません。あくまでも、自分のリズムで何か１つずつでも今日からできる小さなことから始めるだけでもよいのです。

4 常識は時代とともに変化している

常識知らずの社会人

私が嫌いな言葉の1つに、「近頃の若者は×××」というのがあります。

もちろん私も言われてきましたが、母や祖母もそれぞれの時代に同じことを言われてきたようです。嫌いな理由は、この一言で、前向きに流れていることもすべて止まってしまいそうな気がするからです。毎日が進化して、自分達も前に進んでいっているのだから、若者だけでなく皆成長しています。

社会人になって数年、私は「近頃の若者は×××」を言われ続けてきました。

私の場合は、言われるのに相応しい理由もあるので、納得せざるを得ないのですが、今でも「近頃の若者は×××」という言葉を耳にすると、ドキッとして振り返るほどのトラウマ的言葉になっています。

もちろん、今は若者ではないので、私が言われているのではないのですが。

社会人になって、私はかなり一般常識から離れた人間であると痛感しました。

何の規制もない中で、気の合う友達と遊ぶ学生生活を送っていたので、社会人のルールに日々驚きながら学ばせてもらいました。

【常識は変わる】

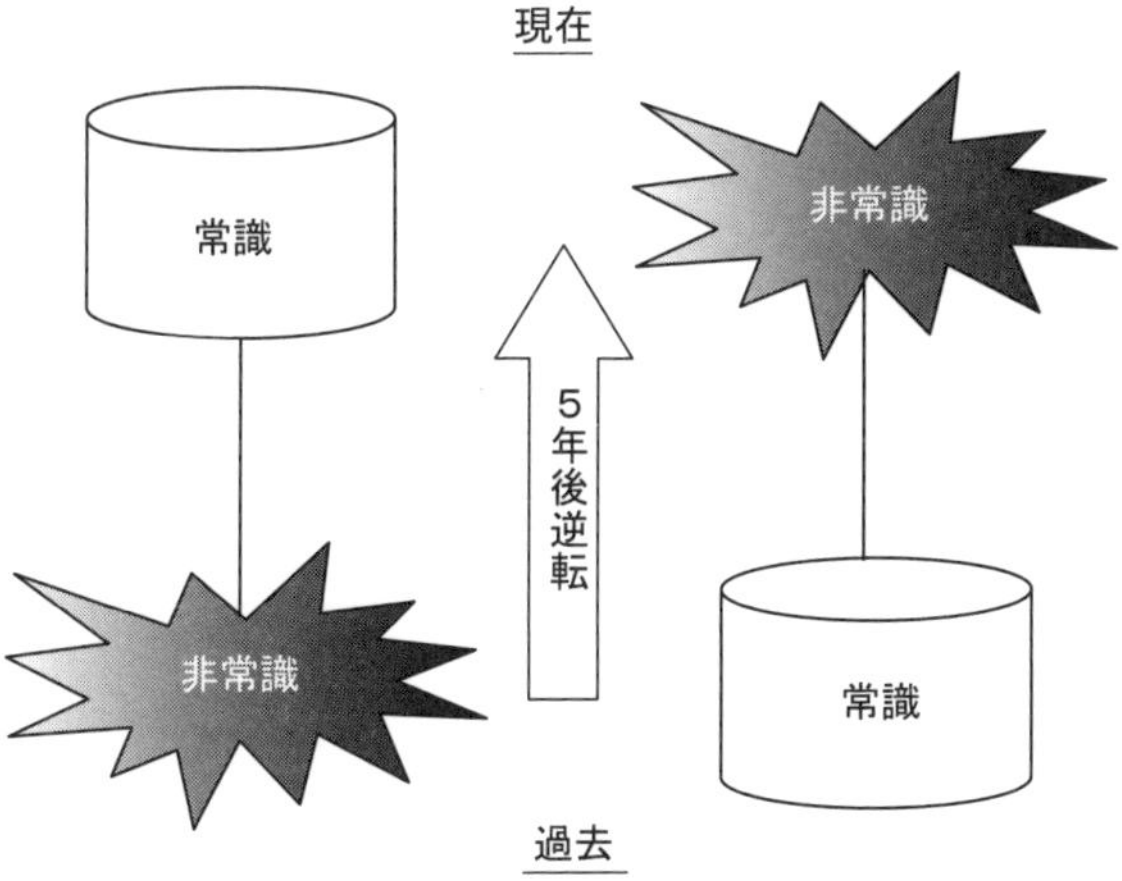

社会人らしい服装をする

毎日会社で、服装に関しても「社会人らしい服装をするように」と言われていたので、毎回、母に電話を入れて通勤着を選んでもらっていたほどです。

しかし、母も社会人の常識とは異なっていたようで、母の選んだ洋服で会社に行ったものの、怒られて、家まで戻って服を着替えてから再度出社したことも１度や２度ではありませんでした。

母は、その度に逆切れして「そこまで言ったら着るものないよ」と反論していたのを覚えています。

ただ、今になって添乗員時代の写真をみると、スーツといってもミニスカートであったり、光った石が洋服についていたりで、社会人らしくない服装だというのがよくわかります。

当時、上司も一生懸命怒る気持ちを抑えながら、私に注意していたのだと思います。

5 やりたいことはスケジュール化する

なりたい自分像が見えたとき

社会人になって半年、海外添乗員とは響きはよいものの、添乗先は20回連続で中国でした。なぜなら、私は英語が全くできなかったからです。中国であれば、日本語が通じるので何とかなったのです。

同期スタッフがアメリカやオーストラリアに出張したときの土産話を聞いていると、私も何とかして、中国の添乗員から、ステップアップして、欧米にも出張したいと思うようになりました。

しかし、自分の思いに反して、当時中国に1か月に2、3回出張していたので、徐々に中国語を覚え始め、お客様への中国旅行説明会まで行うようになっていました。このままでは、中国専属の添乗員になってしまうと危惧していたところ、次に自分のやりたいことが見えるようになってきました。

仕事を始めて、自分の中の常識や価値観が随分変わりました。海外添乗員の8割が女性で、私が一番年下で、40歳~50歳くらいの独身女性スタッフも大勢いました。

オフィス内で世界各国の話を聞いていて、まずは英語を覚えて色々な国に行ってみたいと思うようになったのです。中国の話だけでは、皆の会話についていけない状況でした。

できることからスケジュールに落とし自分像を確立していく

英語を学ぶというのは、本当に漠然とした目的でしかないかもしれませんが、語学を学ばなければ何も始まらないと思っていたので、まず最初に、いつも注意を受けている上司に相談しました。

そのとき上司からのアドバイスは、「世界は広いんだから、添乗員としてならヨーロッパやアフリカ、南米に目を向けて、スペイン語を習ったほうがいいよ」でした。早速、翌週から月４回のスペイン語レッスンを、受け始めました。

人によってなりたい自分像は異なりますが、自分像の大小に関係なく、まずはできることからスケジュールに落としていくことが大切です。左図を参考にしてください。

【スケジュールに落とす】

やりたいことリスト
1
2
3
4
5

↓

5W1H
スケジュールに落とす

- いつ
- 誰と
- 何を
- どこで
- どのように

書くことで、自分のやりたいことが明確になります。

次にしなければならないことは、いつするのかの時間軸と方法論を決めることです。５Ｗ１Ｈを記入することで、行動にも移しやすくなります。

やりたいこと＝夢に日付を設定することで、夢は目標に変わります。

6 人の弱さと本心を感じ取って付き合う

最優先事項にしていたお客様との会食

ラウンジでは、週一度お客様と夕食をして、一緒に出勤する「同伴日」というのが決まっていました。私はダブルワークで、日本に滞在する時間が限られていたこともあったので、お店に出勤できる日は、ほぼ毎日さまざまなお客様と夕食をご一緒させていただいていました。

一般常識からすると、「同伴」というのはよいイメージではないかと思いますが、当時の経験は今の生活で大変役に立っていると確信しています。

学生時代は、大人との接点もなく同世代の仲間だけで過ごす毎日でした。水商売のアルバイトをしていた頃も、年上の男性と何を話してよいのかがわからず、お酒を飲まないと会話ができないときもよくありました。

しかし、オーナーになるとそんなこともいっておられず、日経新聞を購読して、ニュースも見るようにして少しでもお客様と話ができるように自分の習慣を変えていきました。

最初、違和感もあり疲れもありましたが、3か月もするとそれが習慣化されてきました。逆に、今の環境からより多くのものを学ぶようにしようと、考え方を改めることですべてが好転しました。自分が変われば相手も変わります。

お客様と食事をしながら話をしているうちに、お互いの気持ちも打ち溶け合い、世間話だけでなく仕事や家庭の話もするようになります。

私も当時若かったこともあり、お客様の話す内容が１００％理解できたわけではありませんが、話を聞いていて「誰もが持つ人の弱さ」そして「誰もが悩みをもっている」ことを強く感じ、社長や部長と呼ばれる人達が皆さん共通して孤独感を持っていることがよくわかりました。

色々な人とお付き合いして視野を広げなさい

会食の回数に比例して、私自身の性格も目に見えて変わっていきました。私は、以前は人見知りの激しい性格で、慣れないうちは自分から話ができず、無理をして話をしても、どこかにぎこちない部分があったのです。

生意気に思われるかもしれませんが、お客様と話をしていくうちに、「どんなに世間でもてはやされ、人前に出ている人でも、人というのは根本は同じなんだ」と感じるようになったのです。自分の受け取り方が変化したことで、誰に対しても自分から構えることなく話ができるようになったのです。母によく言われていた、「色々な人とお付き合いして視野を広げなさい」の意味も、この時期に少し理解できるようになりました。

昨今は随分減ってきていると聞きましたが、日本にはお客様と会食をして、お酒を飲みながら本音を語り合うという慣習が未だに残っています。私はこれは大切なことだと感じています。

欧米諸国の人と異なり、日本人はシャイですので、お酒の力も借りながら本音のお付き合いをしていくことには十分意味があると思っています。

逆に欧米人は、お酒を飲まずともイエス、ノーがはっきりして自己主張ができますし、お酒の入らないランチミーティングが主になります。欧米では夜の会食は、仕事の話ではなく、家族同伴でのプライベートなお付き合いをするイメージのほうが強いのです。

私も日本出張がはいると、スケジュールはまず夕食から埋まってしまいます。古い人間かもしれませんが、お酒を飲んで話をしたことのほうがうまく進んだり、約束がきちんと守られたりして進んでいるので不思議です。

会議室以外で学ぶこと

仕事関係の方であっても、会議室のような密室で表面上の仕事話をするだけでなく、時には場所を変えて仕事以外の話をすることも必要です。特に自分が口下手だと思っている方はなおさらです。

いつもと違った環境で人に会うことで、違った一面も見え隠れして、お互いの距離も一気に近づきます。人は自分の考えと似ている人や、共通の趣味を持つ人を好む傾向があります。もし共通点が見つかれば、そこから話は一気に進展します。

環境を変えるということは、仕事だけでなく、自分の生活面においても定期的にしてあげなければならないことでもあります。

7 他人が良いということを真似ることが幸福ではない

水商売が悪く、海外添乗員が良いという偏見

「常識という中の非常識」という言葉は、私の尊敬するドクターがいつも口にされている言葉です。自分自身、世間一般の常識枠からかなり外れた生活を送っているので、この言葉に随分救われたこともあります。

水商売をしているとき、周囲から夜の仕事をしていることを昼の職場では口にしないように言われていましたし、私も口外にすることはありませんでした。

前章でもお話させていただきましたが、世間の目を気にして、親元を離れて一人暮らしを始めたのも水商売を続けようと決心したことが発端です。周囲からは、「何に困って夜の仕事をするの？」「お金を稼ぎたいの？」と聞かれましたが、そうではありませんでした。ただ、当時の状況も関係していますが、自らがやっていきたいと思ったからです。

当時の私は、どこに行っても「海外を飛び回って仕事をしている女性」として紹介されていました。夜のことには誰も触れることはありませんでした。

私はそれが世間の見方だということを理解するものの、いつも違和感を感じていました。

なぜなら、私が海外のトラブル等で対応できたのも、夜の仕事をしていたことで、お客様の気持

ちや、トラブルを瞬時に察する能力がついたことが大きく影響しているからです。

何事においてもやっていることで、無駄になることはありません。

大切なのは、各状況で「良い」「悪い」という判断をしなければならないとき、必ず自分で納得のできる判断をすることです。

「皆に反対されたから我慢した」をやめる

「皆に反対されたから我慢した」というのは今日からやめましょう。

自分の思いを曲げて人の意見に従ったとしても、失敗したときに後悔するか、あるいは人のせいにして逃げてしまうことが多いからです。

世界中で知られている話で、スターバックスがアメリカで初めて紹介されたとき、誰もが「普通1ドルでコーヒーが買えるのに、わざわざ2ドル支払ってスターバックスで買う人はいない」と失笑したといいます。

今やアメリカ人のステイタスフードとなっている寿司も同様で、アメリカ人は生魚を食べる習慣がなかったので、長年、寿司は気持ち悪い食べ物としての偏見をもたれていました。

しかし、今では共に誰もが知るアメリカのステイタスとなっています。世間一般の偏見をなくし、世界の常識とまでになった過去の非常識の好例です。

今の常識は、数年後には非常識になる場合もありますし、またその逆もあります。まずは、自分が正しいと思う気持ちを優先するべきです。

今までの非常識も常識へと変化していく

お伝えしたいのは、偏見というのは歴史とともに変化していくということです。今は非常識であっても、１年後には常識となっていることも多くあります。

皆さんの中で、今やっていることに不安をもっていたり、他の人とは考え方が異なって悩んだりしていても、自分の意見や気持ちを大切にしてください。何が正しくて、何が誤っているのかということはありません。「自分で決断をする」ことです。

ちなみに、私は今ハワイに住んでいますが、ここでいつかまたラウンジをやってみたいと思っています。そして同じ夢を持つ仲間で、それを実現するための計画をワイワイ楽しく語っています。

「類は友を呼ぶ」といいますが、自分の思いを長年持ち続けることで、同じ志を持つ仲間が集まり、その中で、今までの非常識も常識へと変化していきます。

やはり、楽しいことを考えて、それが何年かかっても実現に向かって少しずつでも進んでいけるほど幸せなことはありません。

やりたいことをあきらめない

自分のやりたいことはいつまでもあきらめないことです。今すぐにできないこともあるかもしれません。しかし、いつかそれができる状況になることは必ずあります。あきらめてしまうから失敗するのです。自分の思いをずっと持ち続けていたら、いつかは同じ思いを持っている人に出会い、一緒に進んでいくことができます。私がそうであったように。

8 本気で叱ってくれる人は、自分にとって最高の宝物

年齢を重ねるにつれて、自分を叱ってくれる人の数も激減

年齢を重ねるにつれて、自分を叱ってくれる人の数も激減していきます。

先日、新しいスタッフにアドバイスをしていたときのこと、同席していた昔からの知人が、「その言葉、昔ゆかりがよく上司に言われていたことだね」と指摘され、以前のことを思い出しました。

私は、子供の頃から、周囲の意見にあまり耳を傾けず、自分が思ったように進んでいく性格でしたので、平均的な子供よりたくさん叱られ、親や先生に叩かれたりしたこともありました。

叱られ癖がついていたといっていいほど、叱られることが多かったのですが、今でも心に残っていることがいくつかあります。

その1つが、22歳の分岐点で体験した出来事です。

大泣きしながら私の頬を殴った銀行支店長

当時は、好きなことばかりをしていて怖いものなんてありませんでした。

20歳になったとき、同級生に誘われて仲間8人でサクラとしてホストクラブに足を運んだことを発端に、私は普通のレールから再度外れました。

サクラで行ったホストクラブに、友人と共にはまってしまい、学生でありながらアルバイトの時間を増やしてホストクラブ通いするようになりました。アルバイトで貯めた貯金も一気に底を尽き、卒業旅行もやめてホストクラブに行くお金を一生懸命に捻出しました。しかし、1回行くと最低5万円はするお店でしたので、借金が増える一方でした。

そんなとき、私の素行を心配して叱るお客様がいました。アルバイト先のラウンジの常連さんです。お客様は、都市銀行の支店長でした。

ある晩、店の表の階段で「目を覚ませ！　ゆかりちゃんを心配してくれている人達の気持ちもわからないのか！」と言って、思い切り頬を殴られました。その勢いで、壁にぶつかったほどです。同時に支店長はそこで膝まづいて泣き崩れました。驚きました。

しかし、当時は反省する気持ちはなく、逆に、ホストクラブから指名のホストがわざわざラウンジに来てくれるのを嬉しく思っていました。完全に現実離れした生活をしていたのだと気づいたのは随分後のことでした。

いくら働いても、お金はすべてホストクラブに流れるので、大阪のクラブで本格的に働こうとラウンジを飛び出したのです。そして、その翌日に心配するママが脳梗塞で倒れました。

そこで私の運命は再び激変しました。この出来事は、当時を知っている人達に会うと、今でも話題にのぼります。

当時は、叱ってくれたお客様の気持ちを理解をすることはできませんでしたが、後に何事にも変えがたいほど感謝しなければいけない経験をしたのだというのがわかるようになりました。

【自分の宝物＝叱ってくれる人】

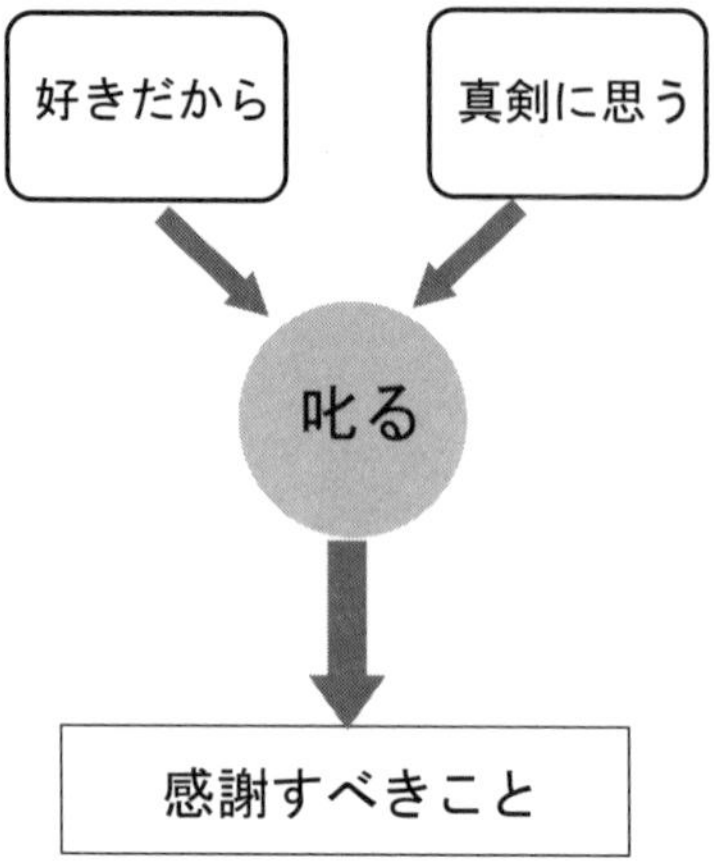

あなたのことを好きだから叱る

私を叱ってくれる人達の有り難味がわかったのは、日本を離れてからです。

海外に出ると、自己責任を問われることが多くなり、叱ってくれる人が少なくなったのです。

相手のことが大好きで、何とかなって欲しいと思うから叱るというのも理解できるようになりました。

現在、ハワイにゴルフ留学にくる子供達は、人から叱られることをとても嫌がりますが、そのことに対しては意見することはしません。皆が同じ道を通って成長していくからです。

ただ皆さんが社会人になって、叱られて落ち込んでしまったとき、この言葉を思い出して欲しいのです。

「あなたのことを好きだから叱るのです」ということを…。

第3章　突然の転勤命令！　日本を離れる思い

23歳

1　自分軸を曲げない

突然のオーストラリア行き

社会人になって中国担当の添乗員のみならず、ハワイにも行かせてもらえるようになり始めた頃、突然の辞令がおりました。

年末年始のツアーから戻った翌日、時差ぼけのまま会社に出社したところ上司が私に近寄ってきて言いました。「お疲れ様。今晩、ゆっくり食事しながら将来のことを話せないか」とのことでした。

上司の口調が普段と異なったので、急遽その日の予定を変更して上司と食事に行くことにしました。夕食は、会社近くにある静かなイタリアンレストランだったのを覚えています。

上司は、飲み物を注文するや否や、「突然で申し訳ないけれど、オーストラリアのゴールドコーストに3か月ほど行ってもらえないかな」と切り出しました。本当に驚きました。

なぜなら、私は会社では年齢が一番下であっただけでなく、誰から見ても頼りにならない存在で、お客様が安心して頼ることのできないタイプの添乗員として誰よりも注意を受けていたからです。それに、私はオーストラリアの母国語でもある英語が全く話せなかったのです。

上司からは、「とにかくご両親に相談してください。必要であれば会社からも説明をします」と言われました。

戸籍を抜いて出て行きなさい

その日、理由がわからないまま自宅に戻り、まず母に説明をしました。母は「ゆかりはどうしたいの？」と聞いてきました。私は「自分の見聞を広めるためにも行ってみたい」と答えました。

当時、自分の環境を変えなくてはいけないと心の中で葛藤していたことも呼び水になりました。

母は「３か月だし、パパが帰ってきたら聞いてみるね」と言いました。

父は大反対しました。私には直接言いませんでしたが、この日から日本を出発するまでの約４か月間は、父が「許さん」と母に声を荒げているのを何度も聞きました。

最後に両親に言われたのは「行くのなら宮崎の籍を抜いていきなさい」ということでした。

私は「わかった」とだけいい、その日からオーストラリアに行く準備を始めたのです。もちろん籍は抜いていません。

その後、オーストラリアに行くまでの期間、父とは溝ができ、私と目を合わせることもなくなりました。親戚からは「一人暮らしをして挙句の果てに海外に行くなんて、好き放題する風来坊」とも言われました。今思うと、母が一番辛い立場に立たされていたのだと思います。

弱冠23歳の決断でしたが、私は自分で決断できたことがよかったと今でも思っています。海外に行ったことがよかったのではなく、あくまでも自分で決断したことに対してです。なぜならば、何も知らない海外で、言葉もわからず重度のホームシックにかかったときも、自分自身でくだした決断なので「何とか克服しよう」自分を奮い立たすことができたからです。

自分自身で決めたことを、貫き通す自分の軸を持つ

その気持ちは今でも変わりません。自分の決断が間違っているのかもしれないと思うことは日常茶飯事にあります。しかし、自分自身で決めたことを、貫き通す自分の軸を持つことは大切です。10人集まると皆意見が異なるように、何が正しくて、何が正しくないかを決めるのも自分自身です。

家族は、自分が一生懸命何かに取り組んでいると、いつかは理解してくれます。自分で決めたことをくつがえすのも自分であり、継続するのも自分だということを忘れずに、分岐点に立たされたときに対処することが大切なポイントです。人の意見に従って行動した場合、失敗したときに自分自身が後悔し、その責任も人に押し付けてしまうことが多いからです。

【自分軸を持つ】

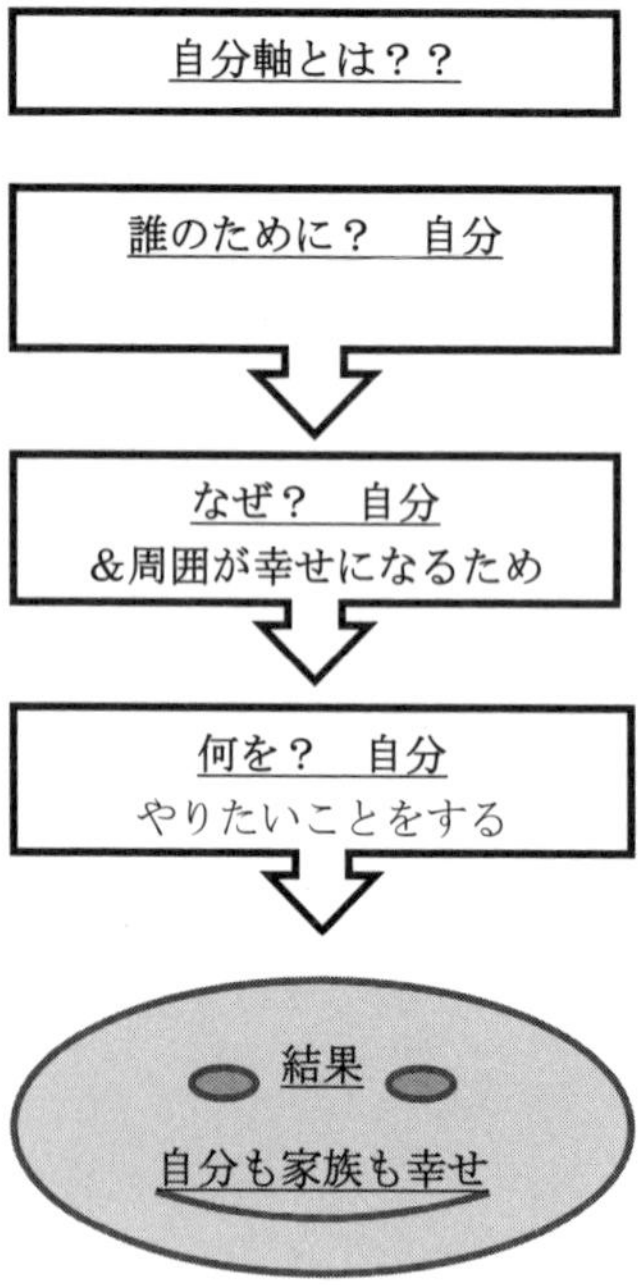
自分軸とは？？
誰のために？　自分
なぜ？　自分
&周囲が幸せになるため
何を？　自分
やりたいことをする
結果
自分も家族も幸せ

自分の意思を貫くことは、家族や友達に反対されることで、短期的には辛い時期があるかもしれません。しかし、それを継続して成し遂げることで、結果自分を含め周囲もすべてが充実できるようになるのです。

よい結果のためにも自分軸を揺ぎなく持ってください。

②女性同士の愛情を知る

あなたがいなくてもラウンジは繁盛します

オーストラリア行きの話があったとき、一番気になったのは夜のラウンジのことでした。この頃になると、以前のオーナーママも随分元気にはなっていたのですが、依然右半身が麻痺しており、話すことも不自由だったので、リハビリ生活を送っていました。

ママが、夜の世界に復活すると希望を持ちながら頑張っているのを見て、店を繁盛させることが今できる最善のことだと思いながら、毎日を過ごしていました。誰も口にはしませんが、ママが倒れたのは私が原因でのストレスからというのは、周知の話で、自分の中で一生背負っていかなければならないと思っています。

その状況で、私はオーストラリア行きの話をスタッフになかなか口にすることができませんでした。思い悩んだ末、2週間ほどしてからやっとのことでマネージャーに相談しました。すると開口一番マネージャーが、「あなたがいなくても店は繁盛店のまま継続できます。うぬぼれないでください」と言いました。

私はその言葉を直球で受け取ったので、聞いたときは、大きなショックを受けました。その言葉でオーストラリア行きを決断したといっても過言ではありません。

男前の女性

後日談として、当時のスタッフやリハビリ後にラウンジに復帰したオーナーママから、全スタッフの思いやりからオーストラリアに送り出してもらえた話を聞いたときは涙が止まりませんでした。全スタッフで何度もミーティングを持ち、私の将来を本当に考えての答えだったと聞きました。

女性同士の友情は、とても薄っぺらいといわれていますが、この件以外にも私が窮地に陥ったときに最後の手を差し伸べてもらっているのは、必ずといってよいほど女性です。

私は「男前女子」という言葉が好きなのですが、「男前女子」に出会い、そして親交を深めていくことが、女性の仕事や人生の成長の鍵を握っているように思えて仕方ありません。

【男前女子　５条件】

1 ・心が広い
2 ・粋な心遣い
3 ・突き放す
4 ・陰口を言わない
5 ・女友達が多い

もちろん男女の友情というのも存在すると思いますが、異性であるが故に難しい場合があるのは否定できません。

上図のような「男前女子」は、男女分け隔てなく話をしやすい存在で、姉御肌の女性が多いのが特徴です。特に女性同士の場合は、黙っていてもわかりあえる部分も多くあります。

上図のような条件を満たす女性に出会い親交を深めていくことで、人生も仕事運も大きくステップアップします。

3 不言実行の日本の素晴らしさ

予想以上のカルチャーショック

１９８９年3月末、空港に見送りにきてくれた友達と最後の別れを惜しみながら、オーストラリアに旅立ちました。

事前にかなり覚悟をしていったつもりでしたが、現地では予想以上のカルチャーショックを受け、到着してわずか3日後には日本に戻りたくて毎日泣いていました。ただ、反対する親を振り切って出てきたこともあり、簡単に泣言をいうこともできない状況でした。

言葉も全くわからないので、赴任当初は仕事が終了する頃には疲れ果ててしまい、まっすぐ寄り道をせずに家に帰るという生活を送っていました。レストランに行っても、メニューが読めないので、ファーストフード店に寄って夕食を買って帰る日々が続きました。

現地のスタッフを見習って、少しは自分に自信を持ちなさい

もちろん、そんな生活が長く続くことはありません。すぐに体調を崩してしまいました。言葉や環境に馴染めず気分も落ち込んでいたところ、日本人上司からの暖かいアドバイスをいただいたことがありました。上司は、オーストラリアに移住して20年でしたが、日本人らしさがまだ残ってい

る方でした。

そのとき、上司に言われたのは、「現地のスタッフを見習って、少しは自分に自信を持ちなさい」ということでした。

現地スタッフは、日本語は「こんにちは」と「ありがとう」しかわからなくても、「私は日本語がわかります」と平気でいいます。本当に少しは見習わなければならないところかもしれません。

日本独自の素晴らしい慣習

私も今年で海外生活25年になります。今は、アメリカでは「英語を話す日本人」、日本では「日本語を話すアメリカ人」といわれています。複雑な気持ちですが、それは仕方のないこととして受け止められるようになりました。長年海外生活をしていつも思うことは、日本人の良さはそのまま残していって欲しいし、自分自身も忘れたくないということです。

私は現在ハワイでゴルフスクールを運営する関係で、日本人の子供達と時間を共にすることが多くあります。ゴルフ場で子供達とラウンドする際に、子供達がコースに向かって「お願いします」「ありがとうございました」と、お辞儀をする姿が大好きです。

日本からくる子供達も、欧米での生活が長くなると礼儀作法が変わってきますが、日本人独特のお辞儀をする習慣はいつまでも続けて欲しいと思います。

特にハワイは、古い日本文化が残る土地柄なので、日本に行ったこともない日系人3世、4世が、少し的は外れではあるものの、日本の習慣を真似しようとする傾向があります。この姿は逆に日本人が見習うべきところも多くあります。

自己主張が特権の欧米諸国

アメリカ人は、自己主張がはっきりしていて、「日本人は何を考えているかわからない」といわれることもよくありますが、無理して欧米ナイズされるよりも、古きよき風習を大切にして生きるほうが格好いいと思います。特に、「不言実行」の言葉に出さずして配慮するという思いやりはアジア諸国でも日本人が秀でています。

アメリカで、アメリカ人らしく自己主張や、自分をアピールして自己紹介することはあまりにも当たり前で誰も何もいいません。ただ、日本人独自のお礼のときのお辞儀や、心遣いは、欧米人からもとても重要視され好感を持たれています。

サムライジャパンが好き

アメリカ人の好きな日本は、大都市ではなく神社仏閣や古い民家の立ち並ぶエリアです。あくまでも、古き良き日本で、昔ながらのサムライ道を大切にする日本に憧れを持っています。

ハワイにきている日本の方で、時折アメリカ人にお礼を言うときに深々とお辞儀をされているのを見ますが、とても気持ちよく思います。

日本のお辞儀の習慣は、欧米からも好感をもたれており、これからも日本で残して欲しい慣習の1つです。

4 感謝から生まれる本当の親孝行

両親をオーストラリアに呼ぶ

3か月研修で行ったオーストラリアでしたが、赴任してからは仕事に追われる毎日で、いつ日本に戻れるかもわからない状況になってきました。

ふと気づくと、オーストラリア生活も半年が経過していました。その頃になると、母も応援してくれるようになり、オーストラリア行きに大反対した父も、以前のように怒ることはありませんでした。

私も現地生活が落ち着いたこともあり、両親もオーストラリアに遊びに来ることになりました。

当時は、実家のある関西からオーストラリアへの直行便がなかったため、両親は成田経由でオーストラリアのブリスベンまで、長時間をかけて来てくれました。

私は、久しぶりに両親に会えることが嬉しいのと、緊張が重なり、前の夜は一睡もすることができなかったほどです。

再会…不器用な親子

ついに再会の日はやってきました。

久しぶりに会った両親と募る話があったのにも関わらず、父とは目を合わせて話すことさえできませんでした。募る話をするどころか、父は車に乗るや否や、いきなり激怒して「降りる！」と言いだしたのです。驚きました。

私はオーストラリアでは資金がなかったので、15年前のヨーロッパ製中古車に乗っていました。エアコンはもちろんなく、赤信号で停車するとエンジンまで一緒に止まってしまうことが、父の機嫌を損ねた原因でした。

知らんふりして車を運転していましたが、両親が滞在していた1週間、父は四六時中機嫌が悪く怒っていました。つたない英語を駆使して予約したレストランや観光地に行っても父は楽しそうではありませんでした。

話をする間もなく、あっという間に両親のオーストラリア滞在は終わりに近づいてきました。帰国の2、3日前になると、また離れ離れになることへの辛さから私は余計に両親の顔を見て話をすることができなくなってきました。ずっと元気に笑顔で話をしていた母とは対照的に、父はずっと不機嫌に見えました。

ＪＡＬを正視できなくなったホームシック

最終日、私が滞在していたゴールドコーストから飛行機で1時間離れたシドニーから両親は旅立ちました。空港まで車で送っていったのですが、あまりにもの辛さに両親の荷物を降ろした瞬間、「ここで帰るから」とだけいい残し、その場を去りました。

本心は、1分1秒でも長く一緒にいて搭乗口近くまで見送っていきたかったのですが、我慢が限界にきていました。両親の前で涙を見せるのが嫌だったので、最後に半泣きになりながら、笑って見送りました。まさか、これが父との最期の別れになるとは思いもせず…。

両親と別れ、二人の後姿を見て涙が止まりませんでした。何もかも捨てて一緒に帰りたい気持ちでいっぱいでした。いくら泣いても涙は止まらず、数時間は呆然と立ちすくんでいました。

最後に、JALが飛び立つのを遠くから見送り、8時間ドライブをしてゴールドコーストまで戻りました。

親の有り難味

家に戻って、かばんを開けると封筒が1枚入っており、その中に「車を買いなさい」と母が書いたメモが入っていました。後に、父が黙って母に現金を預けた話を聞いてまた涙しました。

「親の有り難味は親がいなくなってからわかる」といわれますが、私も両親と離れたことで心から両親の有り難味がわかりました。また、嫌なことを言ってもいつも見守っていてくれているという本当のやさしさを感じました。

家族を毎年2回海外に呼ぶ習慣も、当時の親への感謝の思いが継続しているからに過ぎません。今はハワイにいますが、ホノルル空港でJALを見ると未だに故郷日本への思いが募ってきます。

特に苦しいときにはそう感じます。ただ、早い時期から一人暮らしを始め、海外生活していることで若い頃から親に感謝する気持ちを持つことができたことは、私の仕事や生活にも好影響を及ぼしたと思っています。

無償の愛

前項でもお話しましたが、私の祖父は僧侶でした。幼い頃、週末になると近所の友達が遊園地やプールに行っているのに、私は神社やお寺に連れて行かれていました。とても不満だったのですが帰りにデパートでおもちゃを買ってもらえるので嫌々ついて行っていました。

お寺に行くと、僧侶の方のお話を聞くのも習慣になっていました。そこではいつも「得をすることを考えずに徳を積んで生きていきなさい」「相手にしてもらうのではなく与えなさい」と言われ続けていました。あまり理解できなかったのですが、母は毎回帰り道に必ず再度説明をしてくれていました。

今になって、言われていることの意味は理解できるようになりましたが、「徳を積む」というのはなかなか難しい課題でもあります。

全く無償で見返りを考えずにできる愛はやはり「親子の絆」に他なりません。何の見返りを期待することもなく、幸せで健康でいて欲しいと心の底から思えるのです。そんな母に、この年齢になっても感謝するのみです。

何歳になっても子供は子供といわれますが、私も50歳近くになってもやはり母親の存在は偉大です。

また母親の前ではいつまでも幼少時代と変わらない気持ちで話ができるのが不思議です。

5 一人で生きていける人なんていないことを認識する

生卵を投げられたオーストラリアの夜

今では人種差別というのをあまり感じなくなりましたが、オーストラリアに住んでいた頃は、日本食レストランもまだ数件しかなく、白人中心のコミュニティでした。英語を少し覚えて街にでかけても、オーストラリア英語が話せないと仲間はずれにされるような感があったので、多くの人で集まっても黙って聞き役に徹していました。（といっても半分以上は理解できなかったのですが）

ある日、会社のパーティーに呼ばれてホテルのバンケットルームで食事をしていたときのことです。日本人は、私と直属の上司の2名しかいなかったのですが、ホテルのスタッフがいきなり「日本人は帰れ！」といって生卵を投げてきました。

本人はすぐに連れて行かれましたが、パーティーの場は台無しになってしまいました。

オーストラリア人と顔を合わすのさえも嫌になった

その事件は、一瞬にして終わったのですが、私はその出来事がトラウマになってしまいました。

仕事柄、毎日現地スタッフと一緒に行動しなければならなかったのですが、1、2か月は、彼らとも距離を置き、仕事で必要なこと以外は一切話をしないまでになってしまいました。

そんな私の行動を見かねた上司から何度も呼び出され、話し合いました。しかし、気持ちは改善されず、最終的には当時は珍しかった心理カウンセリングに通うことによって生卵のトラウマを克服し、自分をリセットすることができました。

カウンセラーから言われたのは、「相手は自分の鏡である」ということ、そして「点（1つの出来事）を見て全体の円（すべて）を判断したら、自分自身も同様の人間性に変化していく」ということでした。

何度も同じ言葉をさまざまな方法で説明を受けることで自分の気持ちも少しずつ楽になっていきました。


必ず周囲の力を借りて、自分をリセットする

今考えると、当時上司やカウンセラーがいなければ私はもっと長期間引きこもっていたかもしれません。皆が悪いのではないとわかっていても、自分の気力だけではどうしても克服することができませんでした。今でも、そのような状況に陥りそうになったときは、必ず周囲の力を借りて、自分をリセットする方向にもっていくように心がけています。

決断するのは自分自身なのですが、自分がどうしたらいいかわからなくなったとき、他人のアドバイスを受けることは、自分の進みたい道を築いていく上でも必要なことです。

⑥ 自分の気持ちは相手の鏡となって返ってくる

極度のホームシック症

人に言われるのが嫌な言葉があります。それは、「ゆかりは気丈だから一人でも生きていけるね」です。一人暮らしが長く、ずっと働いていることもあり、周囲にはそのように見えるようです。若い頃から老若男女を問わず、この言葉を言われ続けているので、余計にそう思うのかもしれません。

世の中一人で生きていける人なんていません。大企業の社長でも、キャリアウーマンでも、一人で生きているように見える人でも誰かの力を借りて生きています。

オーストラリアで両親と会ってから、私のホームシックは最高潮に達しました。帰りたくても、それを口に出すことはできないというのもあり、一時は気持ちが不安定になったほどです。家にいても眠ることができないので、毎晩ナイトクラブに通い、そこで出会ったオーストラリア人のボーイフレンドとお付き合いした時期もありました。

一時のストレス発散に逃げた日々

「類は友を呼ぶ」といわれますが、まさにそのとおりです。このような不安定な状況で出会う友達は、私と同じような思いをもっている人も少なくなかったので、ボーイフレンドや友達とも長続きしませんでした。心ここにあらずで、自分の置かれている環境から逃げていただけなのかもしれません。

ただ、夜は遊びましたが、何があっても仕事だけは遅刻することはありませんでした。また、この時期があったおかげで、英語のほうが一気に上達したのは事実です。

このように考えると、人は無駄な時間なんてないのだということなのですが、当時自分自身が逃げていたのは間違いはありません。それに対しての後悔は残ります。

ただ、冒頭でもお話したように、誰もが自分逃避をして何をするのも嫌になるときがあります。

そのような場面で、やはり人に助けられ一人では生きていけないということを再認識します。

人は一人で生きていけない

私がそうであるように、世間で「気丈な人」といわれている人ほど、多くの人に支えられながら生きている場合が多いのではないでしょうか。外で気丈に振舞わなければならない分、家に戻るとその反動で、異常に人に依存したりするのです。

所詮、人はいつも誰かに助けられて成長を続けており、気丈なパフォーマンスはずっと継続することなんてできないのです。

自分の弱さを出せる場所があるから、外では気丈に振る舞うこともできるのです。「人」というのは漢字のごとく、支えあって初めて成り立つのだと思っています。

7 自分が少し変わるだけで多くのことが好転する

人の良いところを探して褒める

「自分が変われば相手も変わる」といいますが、まさにそのとおりです。

私がオーストラリアに住み始めて最初の数か月は、言葉が通じないことや、環境面などの違いに日々ストレスを感じて過ごしていました。

ある日、ふと立ち止まって考えると、私は周囲の人すべてに不信感を持ち始め、誰も信用できなくなっていたのです。以前のように、人とすぐ打ち解けて話すことができなくなってしまったのです。しかし、それを自覚したのは随分時間が経過してからでした。

ある日上司に呼ばれて、「人の良いところを探してほめることから会話を始めれば、人間関係もスムーズにいく」と言われて、はじめて自分が人を受け付けなくなってしまっていることを認識しました。それからは本当に悩みました。何から直していけばよいのか一生懸命に考えました。

悩んだ末に出した結論はあまりにも簡単なものでした。笑顔で「グッドモーニング」ということから始めるだけでよかったのです。

本当に些細なことなのですが、その些細なことができていなかったのです。そのとき英語が苦手だったので、朝の挨拶さえもできていなかったことに気づきました。

成功、幸せの90％は人間関係で決まる

笑顔で「グッドモーニング」を言うように心掛けただけで、周囲の反応は急変しました。皆が簡単な単語を並べた英語で私に色々話かけてきてくれるようになったのです。単純ですが、それから、〝国は異なっても皆良い人ばかりだ〟と思えるようにもなりました。苦手意識のあった英語も辞書を片手に話をするように心がけ、どんどん人間関係も良好になっていきました。

私は仕事も私生活も含めて、成功、幸せの90％は人間関係で決まると確信しています。

自分自身が心を閉ざしてしまうと、相手に心を開いてもらうこともできません。いきなり心を開くといっても、どのようにしたらよいのかがわからないかと思います。

ただ、最初は笑顔で「おはよう」「ありがとう」ということから始めるだけで十分です。そこからすべてが好転していきます。

自分の笑っている写真を初めてみた

最近の話になりますが、取引先の方で日本から来た50代の男性のお話をしたいと思います。彼の第一印象は、〝ポーカーフェイスで怖い感じがする〟でした。

しかし、お仕事を一緒にしていくうちに、イメージとは全く異なり、情に深い方だというのがわ

かるようになりました。ただ、笑顔がないので、損をしているのです。

ある日、ミーティングの帰り際に皆でお酒を飲みに行った際に、写真を撮影をしました。すると、ご本人が自分が笑顔で写っている写真をみて驚いているのです。周囲はなぜ驚いているかがわかりませんでした。

彼はそのとき、「自分の笑っている写真を初めてみた」といい、今でも大切に保存しています。

笑顔がでたことがとても嬉しかったようで、これからは会社でも笑顔で対応するようにすると言っていました。

笑顔で会話をスタートする

色々な事例を見て確信するのは、相手にどうなってほしいと思う前に、まず自分が相手に心を開いて接することです。自分が変われば相手も変わります。難しいことを考えるのでなく、最初は無理にでも、不自然であっても笑顔で会話をスタートすることから始めましょう。欧米にいると目が合うと笑顔をつくるというのが習慣になっていきます。何をするにしてもまず、笑顔で握手することからスタートします。

笑顔で話をされて不愉快に思う人は誰もいないのですから。私がそこで突破口が開けたように、皆さんも同じ結果が得られると思っています。

まずは、朝起きて笑顔で「おはよう」ということから始めてはいかがでしょうか。

第4章　父の突然死で帰国、自分にできること・やらなければならないこと　26歳

1 不言実行の思いやりは世界での特権

父の突然死

26歳初夏、ニュージーランド南部のクイーンズタウンに半年間ほど転勤になりました。その後、オーストラリアに戻って永住を示唆していたときのこと、突然の訃報を受けました。父がゴルフ場で突然倒れ、帰らぬ人になったと叔父から連絡があったのです。

やっとオーストラリアに戻れた喜びで、翌日予定していた日本行き飛行機をキャンセルし、それを伝えるために、久しぶりに実家に電話したときの偶然の出来事でした。

当時、オーストラリアから大阪行きの直行便がなかったので、途中東京に立ち寄り、父の宿泊しているホテルに1泊お邪魔しようと、二人で食事の予定をしていました。父と二人の食事も、その日が生まれて初めてというイベントでもありました。しかし、オーストラリアに残りたい気持ちのほうが優先し、何も考えずにオーストラリア延泊を決め、その約束をキャンセルしようとしたのです。

ショックでした。電話口に突然叔父が出てきて、「連絡はいったの？　家族は搬送先の病院に行ってる」との説明でした。私は、「?·?·」でしばらく何を言われているか理解することができませんでした。そのとき、上司の家から電話を借りていたのですが、しばらくは状況判断ができず、頭が真っ白になり、上司に「父が亡くなったらしいです」と伝えたところまでしか覚えていません。ただ呆然としている私に、上司がすぐに翌日の日本行きチケットを再予約してくれました。

今では、当時を思い出すと涙が出てきますが、そのときは涙も出ませんでした。人は本当にショックなことがあると、涙も出てこないと聞いたことがありますが、まさにその状況です。

翌日の飛行機で私は日本に戻りました。空港に迎えにきた妹と親戚を見て、父ともう二度と会うことができないのだと感じてきました。

海外生活をしていて一番辛いこと

実家に戻ると、初めて会う親戚も大勢いて、布団の中で優しい顔をした父が眠っていました。私が戻るまで待っていてくれたので、お通夜も1日遅れとなってしまったのですが、私は父に近づくことができませんでした。親戚にも「パパ、戻ってくるのを待ってたから、手を握ってお別れしてあげて」と言われましたが、それができませんでした。

父からは生前「好き勝手に生き過ぎている」と言われ、何度も勘当を言い渡されていました。オーストラリアで最後に会ったときも、「こんな生き方が許されるわけがない」と四六時中不機嫌だったので、親戚から聞いた生前の父の言葉には驚きました。

父は、人に会うごとに「一人で海外で頑張っているから、是非オーストラリアに行って応援して欲しい」と言っていたそうです。そして、オーストラリアに出発したときも、実は母に「僕からと言わずに、餞別を渡してほしい」と封筒を預けたといいます。

〝親孝行したいときに親はいない〟といいますが、まさにそのとおりです。特に私は23歳で日本を離れてしまったので、家族や親戚の最期には一緒にいることができません。それが、海外生活をしていて一番辛いことです。

東北の震災後、アメリカでも侍魂《サムライ》が褒め称えられている

父が亡くなってから父について聞いたことが、本当にたくさんありました。父から愛されていたのだと、初めて心から感じました。

父は、典型的な日本の父ですので、とにかく寡黙で家でも「メシ、風呂、新聞」しか言わないような人でした。性格は私とは全く逆で、感情を表に出すことなく、いつも冷静沈着で、〝石橋を叩いても叩いてもまだ渡らない人〟と言われていました。

アメリカにいると、表現豊かなことが特権のようにいわれています。

しかし、特に東北の震災後、アメリカでも日本の義理人情のある侍魂《サムライ》というのが、褒め称えられています。

「おもてなし」は日本の文化

日本には古くから「おもてなし」という言葉がありますが、この「おもてなし」こそ、父や母の時代の人が大切に培ってきた日本の文化だと思います。今、亡き父を思い出して感じることは「黙っていても心が通じ合う」こと。日本ならではの良き文化の1つだということです。

２ 悲しみから得られるものもある

家族愛

私は幼少の頃、体が弱くいつも病院に行っていました。遠足前には興奮して熱を出し、動物に触れるとアレルギーでジンマシンができ、歯は虫歯ばかりで常に健康保険証を持参していました。

11歳の頃、保険証の続柄の欄を見て何気なく母に質問しました。

「どうして、名前が養女になっているの？」と。母は何か説明してくれましたが、意味がわからず辞書で調べました。すべては理解できませんでしたが、私の家族は普通の家族ではないというのがわかり大きなショックを受けました。ただ、子供心に事実を知るのが怖くて、母にそれ以上質問することはできませんでした。

そんな家庭の事情もあり、両親が戸籍上の夫婦になったのは私の高校入学直前でした。その頃には家の事情もわかっていましたが、そのことが理由で私は父方の親戚には会ったことがありませんでした。

父が亡くなったときに、初めて全員が勢ぞろいして挨拶したのです。父の死がきっかけで会うというのも複雑な気持ちですが、それによって随分気持ちも和らぎました。父の昔話も初めて聞きました。

【家族に勝るものはない】

家族

人生の軸になるグループ

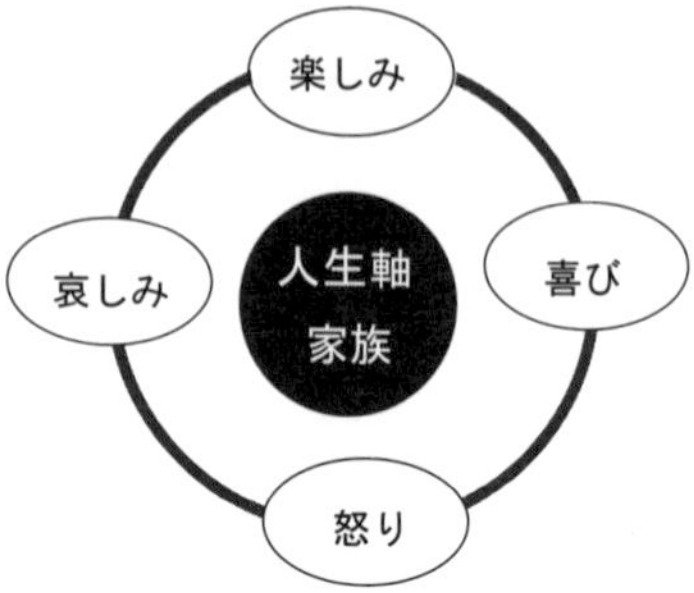

やはり家族は大事

私も離婚経験者ですが、周りの友人では3度、4度と結婚している人も少なくありません。

離婚はしないに越したことはありませんが、何度も結婚している友人を含め皆が口をそろえていうのは、「やはり家族が一番大切」ということです。

私も日本に居住していないので実家の家族と過ごせるのは多くて年間に1週間くらいです。

通常は〝遠くの親戚より近くの他人を大切にしよう〟と言い聞かせながら生活しています。

しかし、家族の集まりにいると、やはり家族に勝るものはないのかと感じています。

言葉ではうまく表現することができませんが、初めて会うにも関わらず、なぜか信頼感ができホッとする…そんな居心地を感じるのが家族なのだと思います。

3 自分軸中心に動く

父や家族はどうなってほしいと思っているのか

日本に急遽帰国して2週間が過ぎ、仕事再開について考えるようになりました。そのときの状況で、オーストラリアに戻るのは難しいとわかっているので、置いたままの荷物は友人に依頼して日本まで送ってもらうことにしました。家具や車もあったので、友人は大変だったと思います。

父の急死で、再び転機が訪れました。

父の会社、遺産相続、残された母と妹のこと、どうするのがよいのか、すぐには結論が出ませんでした。今まで好き勝手して生きてきた分、これからは家族の望むことを考えながら生きていこうと思い母に相談しました。

母は「好きなことをしなさい」とだけ言いました。

わずか３年間の海外赴任でしたが、私のやりたいと思うことが日本にいた頃とは随分変わっていました。

３年前は25歳くらいで結婚して普通のお嫁さんになると考えていたのが一転し、まず〝何の仕事ができるのか!?〟と考えるようになっていたのです。

環境によって、自分自身の気持ちがここまでも変わるものだと改めて感じました。

一生懸命に取り組む姿を見たかった

自分に自信のあるスキルがあるわけでもなく、落ち着いて考えると日本の会社で自分に何ができるのかがわかりませんでした。社会に出てすぐに日本を離れたので、上司への配慮や言葉遣いも中途半端にしかできず、違和感がありました。

【自分軸で動く】

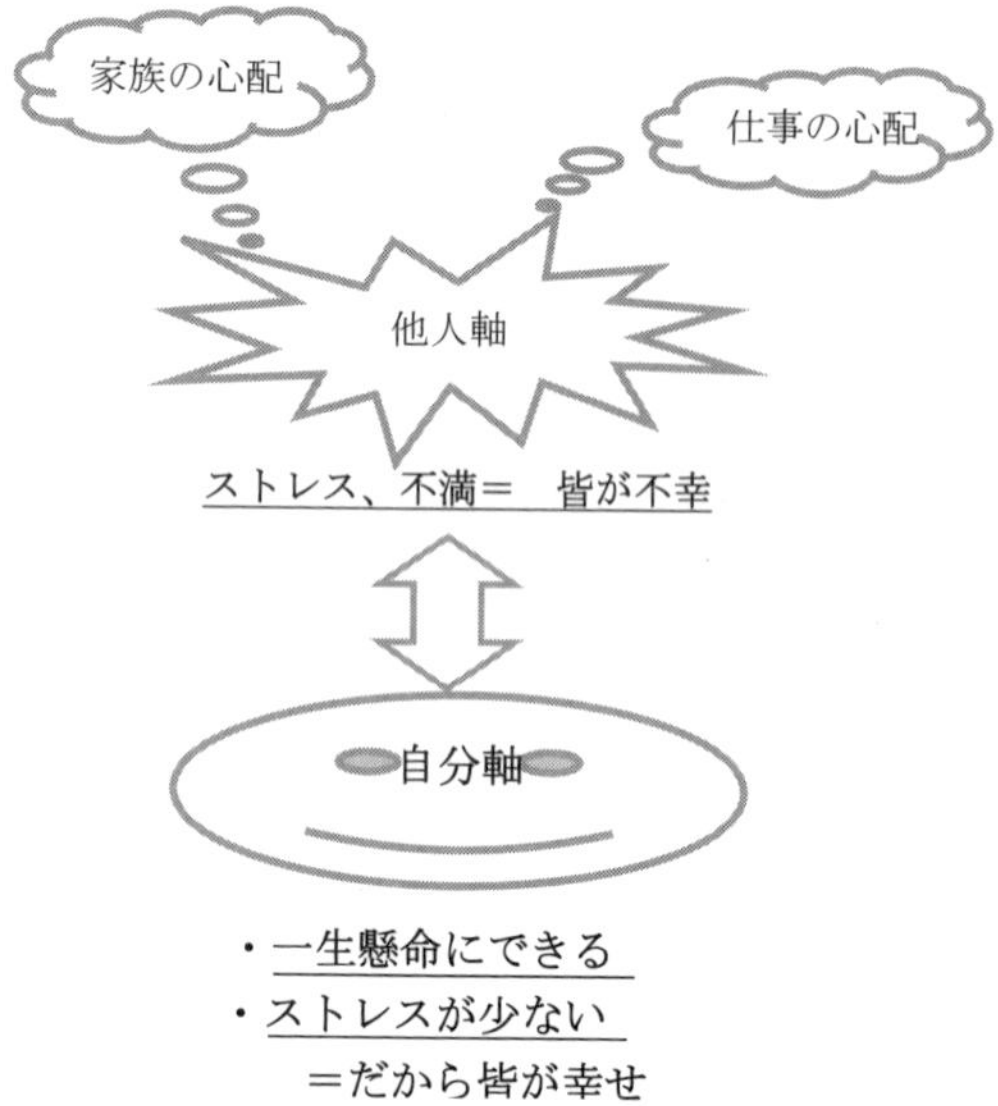
家族の心配
仕事の心配
他人軸
ストレス、不満＝　皆が不幸
自分軸
・一生懸命にできる
・ストレスが少ない
＝だから皆が幸せ

しかし、日本企業で会社員として勤務して、日本をベースに仕事をすることが、母や妹が喜ぶことだと思い込んでいたので、その枠の中で何ができるのかを日々考えていました。しかし、途中でそれは大きな勘違いだと気づきました。

自分を中心に考える自分軸が完全にぶれていたのです。家族や周囲は、自分をしっかり持って私が一生懸命に取り組む姿を見たかったのです。

何をするにしても、自分の情熱をもって挑むことが一番大切で、最終的にその姿を見た家族を含め周囲の皆が喜ぶことだと再認識しました。

4 物事はシンプルに考えよう

唯一自信を持ってできること

自分を正当化していると指摘されるかもしれませんが、小さなことでも、自分がやりたいことをすることで、自分が生き生きし、結果、周囲も幸せに感じるのだと考えを改めました。

私は事務の仕事が苦手です。経営の原点は数字に強くなることだとずっと言われているにも関わらず計算が大の苦手です。

今では、数字から逃げることができないので、時間を決めて数字を見るようにしていますが、何度してもミスを防ぐことができず致命的です。

逆に自信をもってできること、これはスキルではないといわれるかもしれませんが、〝接客〟です。ラウンジをしていたことも関係して、決められた時間内でお客様が楽しく過ごせるようにアレンジすることが得意です。人を誘導して前に立つことは苦手なので、添乗員時代は私の代わりにお客様が旗を持って先頭を歩いてもらったこともあり、いつも気がつくと和気あいあいとした雰囲気になっています。これが私の長所ではないかと思ったのです。

色々考えていると、結局自分には添乗員が向いていて、仕事として自信を持ってできることだと気づきました。

期待するから腹が立つ

先日、ハワイで取引先のお客様と、日本から来た10年来のビジネスパートナーと食事をする機会がありました。取引先のお客様は、お酒の勢いもあり、私の仕事ぶりを冗談交じりに悪く言いました。細かい事務仕事ができないといった内容でした。

するとビジネスパートナーが間髪いれずに、「それは期待するから腹が立つんですよ。それはできないと思って付き合うべきです」と切り返しました。周囲は大爆笑で「そうですね。これでクリアになりました」で話は終わりました。

続けて、「彼女は99のことはできないですけど、残りの1はできるものを持ってるのです。ただ、それがいつできるかはわからないですが」と真剣につけ加えました。

資格を持っていることだけが自分のスキルではない

自分が何をしたいか、そして今まで何を楽しくやってこれたのかを思い出すと必然的に自分が好きなことが見えてきます。

この自分の好きなこと=自分に自信が持てることであり、得意なこととして将来大きな花が咲く種であったりもするのです。

試行錯誤しても結果や結論が出せないときは、今一度原点にもどって、このようにシンプルに考えると、意外にも簡単に答えが出たりもします。何も、資格を持っていることだけが自分のスキルではないと思うのです。

5 一番大切なこと＝情熱を失わない能力

恐れていた上司が親身になってくれた瞬間

シンプルに考えると、私の得意分野は、「接客・サービス」という言葉でまとめられるように思います。父の葬儀も終え、少し落ち着いた頃、上司にあいさつに行きました。

その上司は、入社以来ずっと叱られ続け、会社でも「洋服を着替えて出直してきなさい」と怒鳴られたことのあった方です。

派手なマニュキュアをして爪を少し伸ばして行ったときは、目の前で爪を切らされたこともありました。そんな上司でしたから、相談に行くときも自然と背筋が伸び、緊張していました。

しかし、そんな心配は全く必要なかったようで、上司はやさしい顔で応対してくれました。添乗員に戻りたいと相談したところ、「海外は長期出張になるから、もしよければ国内添乗でも大丈夫だよ」との言葉が返ってきたのです。

同じ添乗でも、国内と海外では業務も異なるので、今までどおり海外に出てもっと色々な経験をしたい旨を伝えました。

すると、上司は「じゃあヨーロッパや色々な国でしっかり仕事できるようこれからはフランス語を教えてあげます」といい、以降日本にいるときは業務が終わってからフランス語を教えていただくという流れになりました。

その夜、長年恐れていた上司が、どうしていきなり優しくなったのか色々考えましたが、理由がわかりませんでした。

変化したのは上司ではなく、自分だった

今になってわかることは、変化したのは上司ではなく自分だったということです。

以前は、上司が怖かったので、知らず知らずのうちに自分から話かけることもなくなっていたのですが、父の死をきかっけに、逃げることをやめようと思ったことで、自然に変わっていたのです。

自分のやってみたいことを、オープンにして上司に打ち明けたに過ぎません。

以前は、上司に対し、思ったことを言うことができなかったので、きっと何を考えているのかわからなかったのだと思います。

わがままを通すのはよくないですが、日本人特有の謙虚さを持ちながらも自分の思いを人に伝えることはとても大切なことです。

今だからわかることなのですが、遠慮して言わなかったことが、上司にとっては〝何を考えているかわからない〟と理解をされていたようです。

言いたいことを伝えるどころか第三者からみると、コミュニケーションが全くとれてなかったのです。コミュニケーションがなければ、相手との意思疎通もままなりません。

⑥ できる限りを尽くすと、自然に新しい道が見えてくる

日本での再出発

日本に戻って最初の仕事は、アメリカ西海岸周遊７日間でした。

久しぶりの仕事再開で、お客様と笑顔で話ができるのだろうか、最後まで無事務まるだろうかと心配で仕方なかったのですが、まったく問題はありませんでした。それどころか、緊張感からきたのかツアー終了時の満足感は過去味わったことがないほどでした。仕事をさせてもらえることへの感謝の気持ちもありました。

家にずっといて考え悩むだけでなく、無理をしても気分転換のために外に出ることがとても大切だと再認識した出来事でした。

別に周囲が変わったわけではありませんでした。

変わったのは、仕事に対する思いのみでした。

自分の気持ちが変わるだけで、仕事の内容も変わってきました。

よりグローバルな仕事が入ってくるようになり、世界各国に行かせていただきました。

また、仕事を再開してからは、家に戻って、沈んでいる母や妹を見ても優しい言葉をかけられるようにもなったのです。

【悩みから行動へのプロセス】

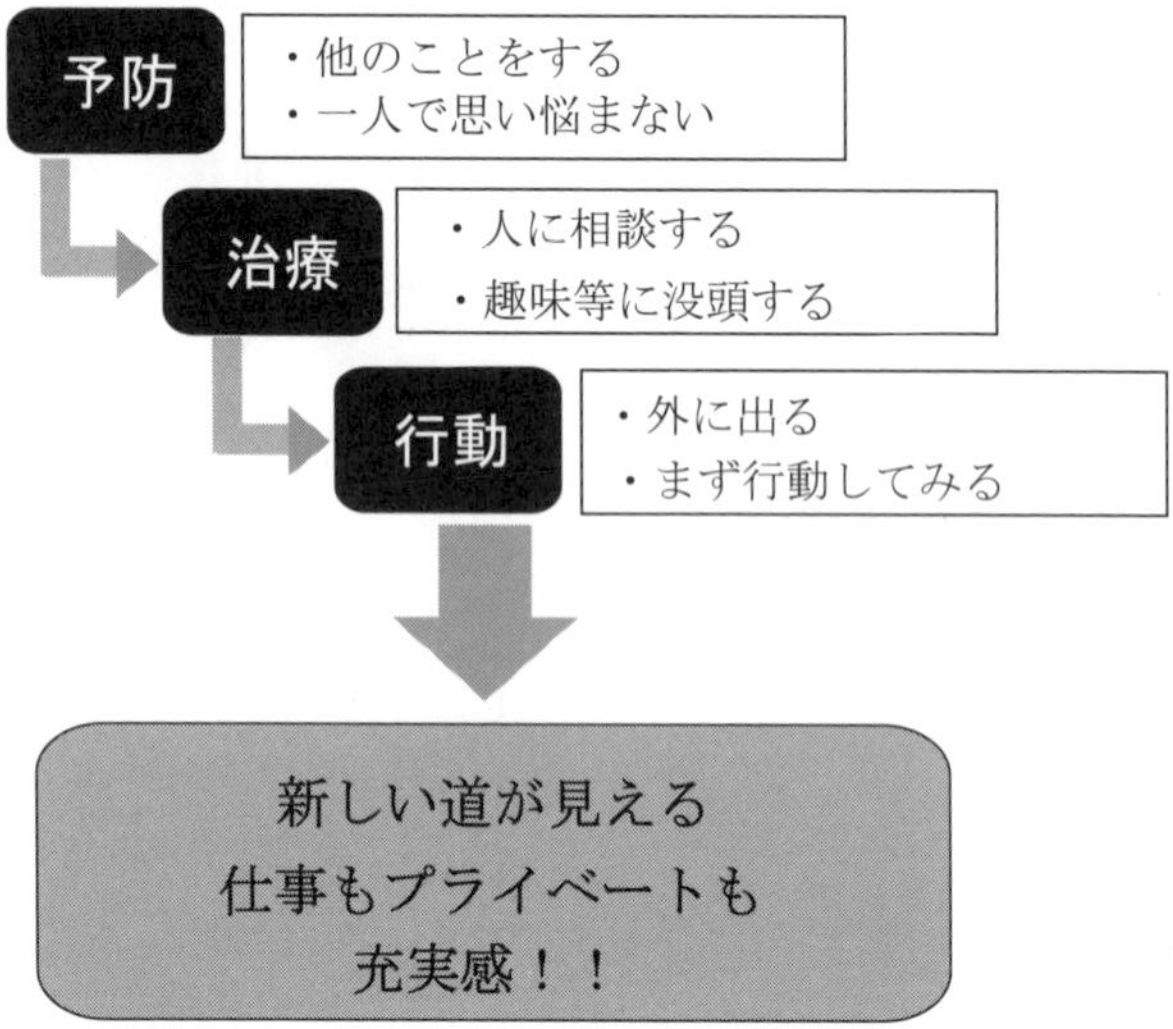
予防
・他のことをする
・一人で思い悩まない
治療
・人に相談する
・趣味等に没頭する
行動
・外に出る
・まず行動してみる
新しい道が見える
仕事もプライベートも
充実感！！

自分が動き出せる気持ちにもっていってあげる

悩んでも答えがでないことがよくあります。

また、自分に自信がなくなり、何もできず立ち止まってしまうこともあります。

そんなときにできること、それは外に出て自分の環境を変えてみることです。

いとも簡単に解決方法が見えてくることがよくあります。

今でも仕事で行き詰ったり、解決策が見つからなかったりすることよくあります。

そんなときは、一人で車を走らせドライブに出て、どうしたら次のステップへ進めるのかを一生懸命考えます。

まずは、行動あるのみですので、自分が動き出せる気持ちにもっていくことが先決なのです。

7 うまく話そうとせず、気持ちでコミュニケーションする

目で話す人達

仕事を再開してからというもの、毎日が新しいことへの挑戦でした。

私は元来順序だてて物事を説明することが苦手です。海外に行き、言葉もままならないところでのトラブルは日常茶飯事のことですが、英語が通じない国に行くようになり、身をもって勉強したことがあります。それは、自分が窮地に追い込まれたときには言葉が通じなくてもアイコンタクトと身振り手振りで話をすることができるということです。

回数を重ねていくうちに、知らない土地にいくことも慣れて、少々のトラブルがあっても動じないくらいの度胸はついてきました。毎回何らかのトラブルは発生しますが、一人ではどうしようもできないこともあります。

アフリカのボツワナでの出来事

一度こんな出来事がありました。アフリカのボツワナという国に行ったときのことです。野生の動物を見学するツアーだったのですが、宿泊地に到着したときにお客様には「くれぐれもドアは開けたままにしないでください」とご案内していました。

しかし、お客様の部屋を見回りしなければならなかった私は、部屋を開けたままにして外に出てしまったのです。

30分ほどして部屋に戻ると、部屋中を野生のサルが占領していました。追い払おうとすると、威嚇されて近づくことができません。本当に怖く、襲われたら大怪我をすると直感し、走っても10分以上かかる、ホテルのスタッフ部屋まで猛ダッシュしました。

コミュニケーションは気持ち＝表情

スタッフに状況を一生懸命伝えました。といっても、言葉はまったく通じません。ただ何が起こったかは、私の目をみてわかったといわれました。

途中、カバやキリンやシマウマの大群に出会いましたが、私の悲壮な勢いに、動物のほうが驚いて逃げていたのを、事が収まってから思い出したほどです。

目は口ほどにものをいうといわれますが、本当にそのとおりです。言葉が通じないことは、とても不便でストレスを感じることも多くあります。ただ、言葉を流暢に話すことだけがコミュニケーションのすべてではありません。言葉たくみにいくら話をしても心が伝わらなければコミュニケーションとはいえません。

何でもそうですが、コミュニケーションの基本はやはり気持ち＝表情なのです。

表情豊かでいつもにこやかな人は、誰からも「感じのよい人」に見られ、好印象をもたれるのでどこにいてもよい雰囲気をつくり出すことができるのです。

第5章　いざアメリカへ、単身渡米までの道のり

29歳

1 まずは一歩踏み出す勇気を持つ

遠距離恋愛

1993年4月、ロサンゼルスにて一人の日本人男性と知り合いました。2週間後に再びロサンゼルスに行ったとき、偶然にも彼に再会したのです。何度か食事をしているうちに、自然の流れでお付き合いをするようになりました。

しかし遠距離恋愛でしたので、ずっと一緒にいるにはどちらかが引っ越しするしかありません。彼はロサンゼルスに20年以上も居住していたので、最終的に私がアメリカに引越しするしかない状況になりました。

母に相談したところ、「大人なのだから好きなようにしなさい」との答えが返ってきました。上司からは自身の過去の経験から、アメリカ行きを大反対されましたが、最終的には納得していただき、会社は寿退社として、渡米することになりました。

当時は、ヨーロッパか中国に住んでみたいという気持ちしかなかったので、アメリカに行くことは考えたことがありませんでした。

ただ、まだ人生長いのだからと、とりあえず行動して自分の目で確かめようと軽い気持ちで決断しました。

学生ビザでアメリカへ

今から考えると無謀な話でした。普通に考えると、結婚、転勤を機に海外居住をする等のきっかけがなければ、生活を変えたりはしないと思いますが、単純に彼を追いかけて行ったのです。彼も迷惑だったと思います。結婚すると勘違いしていたのは私だけで、乗り気ではない彼の言動をよそ目に学生ビザを取得して渡米したのです。

いざアメリカに渡ると、全く予想していないことばかり起こりました。

彼を追いかけて行ったのと時を同じくして、彼は1か月の半分以上は日本出張に行くといい、ロサンゼルスにはいませんでした。食事も一緒にすることがほとんどなく、今から考えると寂しかったのだと思います。外に出て寂しさを紛らわせていましたした。学生ビザで滞在していたので、働くこともできず毎日学校に通うしかすることがありませんでした。

夕方になると友達と食事に出かけていましたが、時の流れるままに何となく毎日の生活を送っていた時期なので、あまりはっきりと記憶がありません。

ただ時間の余裕だけはあったので、母や妹が交代でやって来てアメリカ国内や中南米を一緒に旅行していました。大学を卒業してからずっと突っ走ってきたので、少し休みながら過ごし、家族の有り難味と一緒にいることの心地よさを感じることのできた時期でもありました。

行動を起こすことは勇気が必要

昨年、日本に里帰りしたときに妹と話をしたことがあります。妹は海外旅行が大好きで、年４回ほど行っていたのですが、今はずっと日本にいます。

妹は、海外に出たかったようなのですが、父親譲りの性格で何事も深く考え過ぎていつも立ち止まってしまいます。父は、慎重派で石橋を叩いても叩いてもまだ渡らないような人でした。

そんな妹から久しぶりに聞いた言葉は、「20年近く考えても決心がつかず、40歳を過ぎて未だに決断できないことが、ずっと心の中にくすぶって残っている」です。

妹の手前「そうなんだ」としか答えることができませんでしたが、いくら考えても決断のでないことは忘れるしかありません。あるいは、行動を起こすかのどちらかです。

できることから行動する

行動を起こすことは勇気が必要です。特に新しいことを始めるには、100の行動をして、1つでも成功すれば、それは大成功です。

ただ100の失敗を乗り越えるためには事前の覚悟が必要です。また、自分が納得をして好きなことをしていなければ100もの失敗を乗り越えることはできません。

今、「何かしたいけれど何がしたいのかわからないし、今さら無理だよ」と相談を受けることがよくあります。

私は「まずは、好きなことをテーマに、毎日フェイスブック等でアップして、そこから考えたら?」と応えています。

まずは、今日できることから何か始める、行動することが一番大切だからです。

②最悪の事態に備えて自己管理をする

ピストル強盗の捨て台詞「I will be back！」

「アメリカは治安が悪いので気をつけなさい」という言葉は、「アメリカ＝治安が悪い」とまるであいさつのように言われていました。

ロサンゼルスは車社会ですので、普段の生活はすべて車での移動ですが、昼間でも通らないほうがよいエリアもあります。また、治安の良いところでは夜でも窓を開けたままで生活できるような場所もあります。

渡米前は、「アメリカは怖い」と散々聞いていたので、いざ来てみると意外にも安全だと感じながら生活を送っていました。

しかし、安全だという思いは自己管理がきちんとしているアメリカ人だからいえる言葉で、アメリカを知らない私には考えが甘かったとしかいえない出来事がありました。

ある日、出張前の彼から電話がありました。「ハリウッドで車上荒しに遭って、銀行の小切手や郵便物も盗られてしまったから気をつけて」と。

それだけ言い残して、彼はニューヨークに行ってしまいました。私は、〝大変だな〟とは思いながらも、〝気をつけて〟の言葉の意味は聞き流していました。

一人のときはピストルを横に置いて寝なさい

その日の夜、ベッドルームでテレビを見ていると、玄関で音がするので行ってみると、目の前に強盗がいたのです。あまりにも怖くて声が出ませんでした。音に気づいた強盗は凄んで目の前にピストルを突きつけました。〝もうダメだ〟と思った瞬間、日本にいる家族の顔がよぎりました。体が硬直して声も出ませんでした。

すると強盗は私と鉢合わせして驚いたのか、「I'll be back!」と一言だけ残して走り去りました。盗られたものはなかったのですが、怖くてすぐに警察に電話をしても繋がりません。友達夫婦に来てもらって、警察に通報してもらったのですが、結局警官が家に来たのは電話を切ってから20分を経過してからでした。強盗が出ていったから何と1時間以上も過ぎていました。

一応レポートはしましたが、盗られた物がないということで、事情聴衆も数分で終わりました。そのときに警察に言われたのは、「戸締りをしないほうが悪い。自分を守るためにも、一人のときはピストルを横に置いて寝なさい」でした。

その後、すぐにピストルを購入しましたが、逆に爆発したらどうしようと思うと恐ろしくて眠れなくなってしまったので、倉庫に保管しました。

アメリカは銃社会といわれていますが、護身用にピストルを持っている人が多くいることを後に知りました。自由の国なので、好きなことはできますが、それゆえに自己管理は自分でしなければならないと自分の命からがらに体験した出来事でした。

3 人と自分を比較しない

結婚詐欺

ロサンゼルスに居住して1年が過ぎた頃、いくら鈍感でも彼には他の生活拠点があるのではないかと感じるようになりました。

そんな疑惑を持ち始めた矢先、日本から1本の電話が鳴りました。「私は妻の○○です。あなたはまだ若いので、別の自分の人生を歩んでください」という内容でした。変だとは感じていましたが、まさか結婚しているなんて想像もしませんでした。驚きとショックで呆然としました。

彼が日本から戻ってきたときに話を聞きすべて事実だというのを確認し、すぐに家を飛び出しました。それ以降、ドラマでもあり得ないような出来事が立て続けに起こりました。自分自身が本当に世間知らずで、何も知らずにぬるま湯につかって今まで生きてきたことを身をもって知りました。

知人を介して調べてもらうと、渡米時に持参した父の遺産はすべてなくなっていました。

また、数日して荷物を取りに家に戻ると車は隠され、時計や貴金属もなくなっていました。

彼がストーカーとなり警察沙汰に

それよりもショックだったのは彼が豹変したことでした。「妻と別れる」といい出し、すでに気持ちが離れ冷めた私に腹を立て、ストーカーになってしまったのです。嫌がらせ電話や待ち伏せ、車のタイヤの空気を抜くなどの事件が立て続けに起こりました。当時は一人でいるのが怖くて、友人宅に泊めてもらっていたのですが、そこには何と盗聴器が仕掛けられていました。ある日ピストルを持って待ち伏せてされていたのを知り、最後には警察に通報することになりました。

その後も小さな嫌がらせは続きましたが、2年もすると収まりました。このときは、一生このままの状態が続くのかと毎日が恐怖でした。嫌がらせが怖く、日本の家族にまで迷惑がかかったらどうしようと考えると、警察や友人にも何もいえないという状況が続いたのです。

この時代、日本にはストーカーやDVというような言葉はありませんでしたが、アメリカではすでに法律で保護されていました。しかし、復讐が怖いのと、自分自身で一刻も早く忘れたいという思いから、なかなか一歩を踏み出せない人が多いのも事実です。

まずは信頼できる誰かに相談する

いつも前向きに生きたいと思っていますが、このときだけは「人生は終わった」と感じたほどです。自分の経験から、実際にその渦中にいる方達の気持ちは少なからずわかるつもりです。ですから、一人で悩まず、まずは信頼できる誰かに相談することから始めてください。

私の尊敬している銀座のママが言っていました。

「人生って、いいことも悪いこともあって、結局皆平等で帳尻が合うんだよ」と。この言葉を時々思い出しては、皆大なり小なり同じような経験をしているのだと言い聞かせています。

４ 労せずに得られるものは薄っぺらい

１か月の生活費６セント

友人の家に身を寄せていたとき、手元には６セント（５円）しかありませんでした。ただ、飛び出すことだけ考えていました。生活することよりも、とにかくその場から出て行くことしか考えていませんでした。

家を出てから、免許証も何もかも持っていないことに気づきました。手持ちのバッグを見ると底に６セントが落ちていました。もちろん、銀行口座もなくなっていたので、それが全財産です。

そのときお世話になった友人はお父さんと二人暮らしのアメリカ人で、小さな古いアパート一間に住んでいましたが、本当に暖かく迎え入れてくれました。食事は毎日、パンとポテトでしたが、気持ちが嬉しく、心が休まりました。

少し気持ちが落ち着いた頃、母が心配してはいけないと思い、ためらいながらも日本にコレクトコールで電話をしました。すると、一言、「それは、苦労して働いたお金で生活しなさいということ。やり直しなさい」と言って笑っているのです。私も少しホッとして、「もしかしたら殺されていたかもしれないのに」というと、「怪我ぐらいはしても、そこまではされないから大丈夫」とまた笑っているのです。

【コツコツ型　VS　一攫千金型】

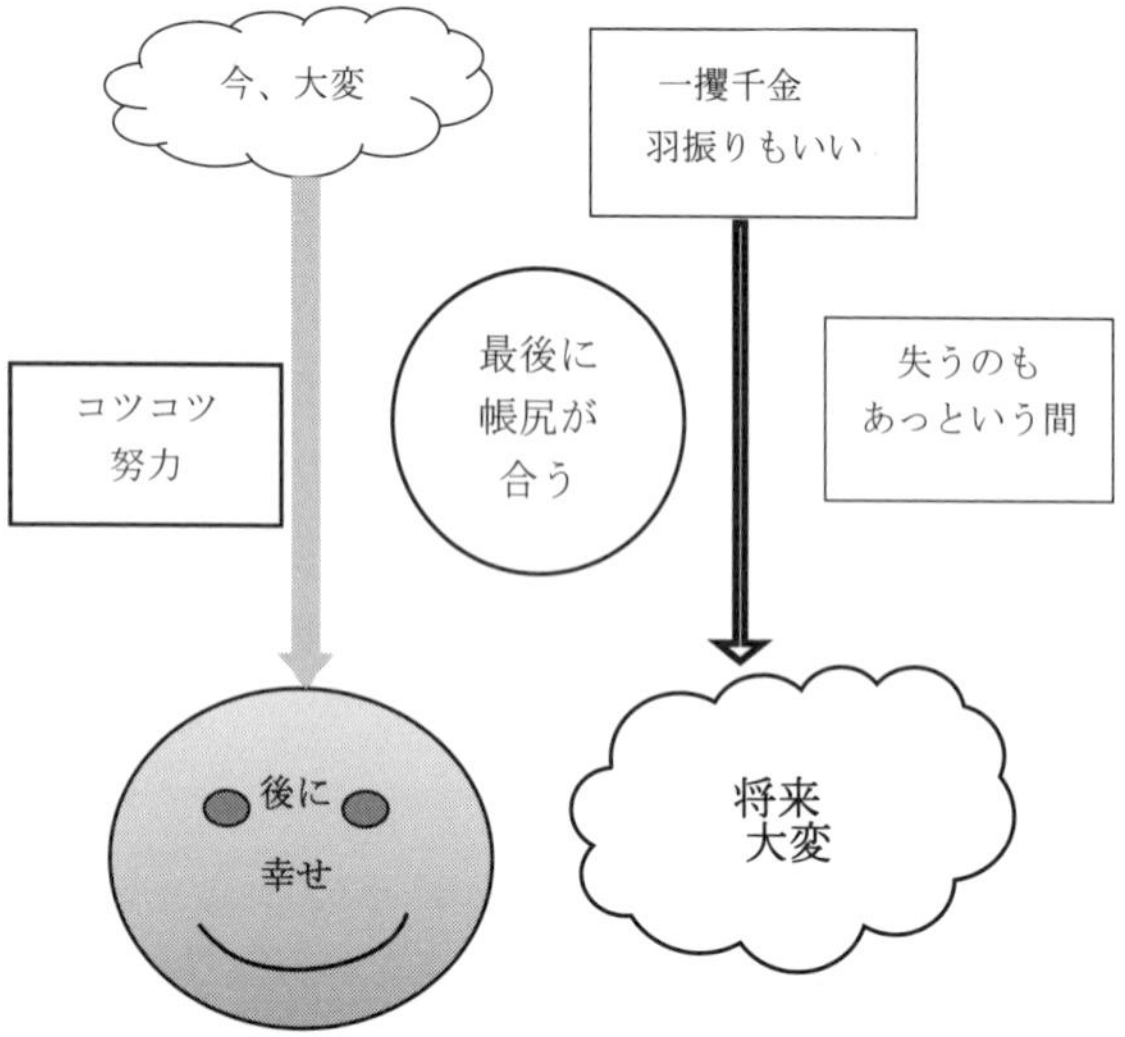

毎日の小さな積み上げがいつか大きくなっている

この言葉にずいぶん救われました。同時に本気で再出発しようと決心しました。

後に、当時母は眠れないほど心配していたと聞きました。

周囲の成功者達も必ずいう言葉があります。

「人は一人では大きくなれない」「家族に感謝」「毎日の小さな積み上げがいつか大きくなっている」です。

一攫千金は一気にお金は集まりますが、なくなってしまうのも早いのがほとんどなのです。失くした物はとても大きかったですが、今の自分があるのは、間違いなく事件のおかげです。

時間が経つと辛い出来事ほど心から感謝できるようになるものです。

5 何事も最初に腹をみせるとうまくいく

一文無しで受けた恩恵

1か月友人宅にお世話になった後、小さなアパートを借りました。日本に例えると6畳一間のアパートで、メキシコ人居住区の治安が悪いエリアでした。アパートの住人も、全身にタトゥーを入れていたり、昼間からお酒を飲んで酔っ払っている人ばかりでした。夜になると、発砲音やパトカーのサイレンが絶えません。

その頃は、寿退社をして祝ってくれた友人や会社の人の顔を毎日思い浮かべていました。同時に、今の自分を誰にも見られたくないと思い、日本に戻ることもできませんでした。

アパートは、誰もが拒絶する犯罪の多いエリアでしたが、当時は不思議と怖さは全く感じませんでした。

逆に、アパートの住人の中でも、私が一番貧乏だと思っていましたし、周囲もそれを察知してか、目を合わせるたびに差し入れをいただきました。

もともと好き嫌いが多いほうで、メキシコ料理は食べなかったのですが、そのときはほぼ毎日が豆料理（メキシコ）だったので何でも食べれるようになっただけでなく、片言のスペイン語まで話せるようになりました。

自ら懐に飛び込むことで信頼関係が得られる

このアパートでは約半年間生活していましたが、周囲が強面の人達ばかりだったので、逆に治安に対する不安は一気に消え去りました。また、いつも大勢で食事をすることで大家族と一緒にいるような気持ちになり、下町の暖かさまでも感じるようになっていきました。

今、思い起こすと当時の生活には絶対戻りたくはありません。誰が見ても悲惨な状況でした。しかし、国境や言葉、人種関係なく、何でも自ら懐に飛び込むことで信頼関係が得られるのだと学ぶことのできた半年間でした。

自分の弱みを隠すことでなく、故意にでも見せることが、人間関係を早く親密にできる秘訣です。

郷に入れば郷に従え

言葉通り、そのときに自分がおかれた環境に合わせることで、相手からの対応も変わってきます。それは、公私関係なく生活の基本になっています。

極端な例ですが、以前カンボジアの孤児院の村に行ったときにハンバーガーの話をしたところ、誰もがハンバーガーというのが何かわかりませんでした。私は咄嗟に話題を変えましたが、何でも自分目線、そして自分の経験だけを中心にコミュニケーションを取ろうとしたら失敗します。

相手の状況がわからない場合は、まずは相手の話を聞き、その後相手の目線に合わせながら自分の過去の失敗話をしたりすることが、世渡りをしていく上で一番うまく前進できる方法でもあると思うのです。

6 夜明け前が一番暗い

滞在許可が切れる瞬間

前項でもお話しましたが、アメリカの滞在は学生ビザでしたので、学生をやめるとビザも自然に消滅してしまいます。日本に帰らなければならない日が、刻々と近づいてきました。

本心は、22歳から10年以上も一人暮らしをして、寂しさが募っていたので、1日も早く日本に戻り母と一緒に生活をしたいと強く感じていました。しかし、母の私を気遣った笑いと「まじめに仕事をしなさい」という言葉を思い出し、何とかアメリカで職を探そうと動き出すことにしました。

31歳、アメリカで就職活動の再開です。

最初は、新聞広告をみて手当たり次第に電話しましたが、どこに電話をしても「ビザがなければ働けません」との答えが返ってきました。予想通りの結果でしたが、そこであきらめずに、次は友達に相談しました。

彼女は旅行会社に勤めていたのですが、勤務先の社長と会って話を聞いてもらいたいと私からの要望を伝えてもらいました。結果、その数日後には社長と面談させていただくことができました。

私は社長の温厚な人柄に心を許し、現在自分の置かれている状況を包み隠さず話ました。すると社長はその場で、「うちに来なさい」と言ってくれたのです。本当に嬉しかったです。これで、普通の生活ができるようになると思いました。

ビザを取得するまでの申請期間は、日本に戻ることができなかったのは辛かったですが、ここで仕事ができることの喜びを再度噛みしめていました。

あきらめない

やりたいことのできる人、できない人の違いは何をするにしても継続できるかできないかが大きく左右しています。

公私にかかわらず、やりたいことを成し遂げるには、途中大きな壁に何度もぶち当たります。そのときにあきらめてしまうことは一番容易な解決策でしょう。しかし、どうしたら継続できるかを見出して、それも無理なときは途中休止してもあきらめないことが一番大切なのです。あきらめた時点で物事は終結してしまいます。

起業家でも、スポーツ選手でもそうですが、もう無理だと思ったときに、もう少し継続してみるかやめてしまうかで、将来の道は2つに分かれるといいます。もちろん、結果はおわかりかと思いますが、継続した人が必ず最後に良い結果を勝ち取るのです。

現在でも月1回はもうだめだと思うことがありますが、もう一度がんばってやってみようと自分に言い聞かせるようにしています。ある日、ふと、何かのきっかけで今までの努力が報われる日は必ずやってきます。

あきらめるから失敗するのであって、あきらめなければ結果は成功しかありません。

7 マイナスになる経験は存在しない

金なし、コネなし、人脈なし

旅行会社に再就職して思ったこと、それはどんな辛い経験であっても、何年か経過して振り返ってみると、必ず自分にとってプラスになっているということです。

渡米したとき、知っている人はたった一人でした。それが、毎日の生活でさまざまな経験をし、気がつくとお金はゼロになりましたが、多くの人と知り合いになることができました。

そして、日々、知り合った人とのつながりも深まっていきました。もし、順調に彼と結婚していれば味わうことのできなかったことです。振り返ると人とのつながりは自分の財産であると心から思っています。もちろん渦中にいるときは、落ち込んで何もできない時期もありましたが、時間の経過とともに多くのことが好転していました。

実際に皆さんが1年前に何があったかを細かく覚えている人は、ほとんどいらっしゃらないと思いますが、それほどまでに誰もが日々変化しているのです。

「金なし、コネなし、人脈なし」というのは単身渡米したときの状況です。時の経過と共に、色々な経験をさせていただいたおかげで、たくさんの人とつながり、毎日有意義にアメリカ生活を送れるまでになりました。

夢が現実になる日は必ずある

ハワイでよくいわれる言葉があります。「大金持ちになるよりも、アロハスピリッツを持って、いつもハッピーで、たくさんのオハナ（友達）に囲まれて過ごしたい」と。

人生で大切なのは人とのつながりを大切にして、自分の好きなことができる状況でいることです。

小さなことでも日々自分自身の夢の手伝いをしてあげることが大切だと思うのです。

自分の夢の手伝いをしてあげることで、今は無駄に思っていても、いつか、その夢が現実になる日は必ずあります。

金なし　コネなし　人脈なし

でも今…

人とのつながりが

たくさんできて

毎日　ハッピーです！！

第6章　チャンス到来！　自分を信じ覚悟を決める

33歳

1 なりたい自分に近づく行動をする

異業種への転職

ロサンゼルスの旅行会社で働き始めて3年が過ぎました。昼夜関係なく働き、少しずつ現地でも日本人の知合いが増えてきた頃です。

仕事を始めた当初は観光ガイドをする毎日でしたが、慣れてくるとアメリカ進出を目指す企業の視察ツアーやアメリカ国内の出張まで、内容も充実してくるようになり、仕事に行くのが毎日楽しくて仕方ありませんでした。

ある日、お客様の一人から「ビバリーヒルズで美容室を経営したいので立上げを手伝ってもらえませんか」と打診を受けました。毎日楽しかったので、仕事を変わりたいとは思っていませんでしたが、何かもう1つステップアップしてみたいという漠然とした気持ちはあったので、勤務先の社長に相談しました。社長は「チャンスだし、旅行会社の仕事はいつでも戻ってくることができるのだから、チャレンジしてみなさい」と快く送り出してくれました。

立上げを依頼されたのは、日本で健康・美容製品の製造販売をする会社でした。当時は社員40名ほどの中小企業でしたが、健康ブームにのって業績を上げていました。まずは、美容室の場所探しから始まり、不動産契約、そして人の採用とすべてを行わなければなりませんでした。

過去、日系企業で働いていたときの状況とは大きく異なり、多国籍のスタッフで構成され、最終的には20ヶ国、40数名のスタッフで運営していました。

20ヶ国のスタッフが一丸になるというのは、想像を絶するほど大変でした。環境が異なるというのは、ここまでもまとまらないものかと、毎日が戦争のようでイライラ感が募る一方でした。しかし、その反面、自分が日々成長しているというのもわかりました。各自考え方も文化もそれぞれ異なり、その人の目線で会話をしていかなければならないと、常に自分に言い聞かせていました。

しかし、さらに仕事の幅を広くしていくためには、ここは戦場だけれども、自分には必要な場所だというのもわかりました。

33歳のことです。

自分の好きなことができる環境づくりから始める

日本的に考えると、遅咲きかもしれませんが、せっかく海外に来ているのだから、ここでしかできないことをしてこれから自分を磨こうという気持ちが沸いてきました。自分にとっては大きな決断でした。

長年、心のどこかで常にもっていた「日本人なので、いつかは生まれ故郷に帰って暮らそう」という想いを断ち切ったときでした。将来なりたい自分が見えたのです。いつかは独立して、日本とアメリカをつなぐ架け橋になるような仕事をしようと思いました。そのためには、自分が多国籍グループのアメリカ社会に深く入り込み、もっとアメリカを理解する必要がありました。結局、会社では7年間お世話になりましたが、このときの経験が今の自分の基盤をつくったと感じています。

私は、ホームランバッター的な考えの持ち主でコツコツと働くことが苦手な性分です。しかし、今振り返ってみると、自分がコツコツ辿ってきた足跡があるから、自分軸が自然に構築できて今の自分をつくっているのがわかります。

【なりたい自分になるために】

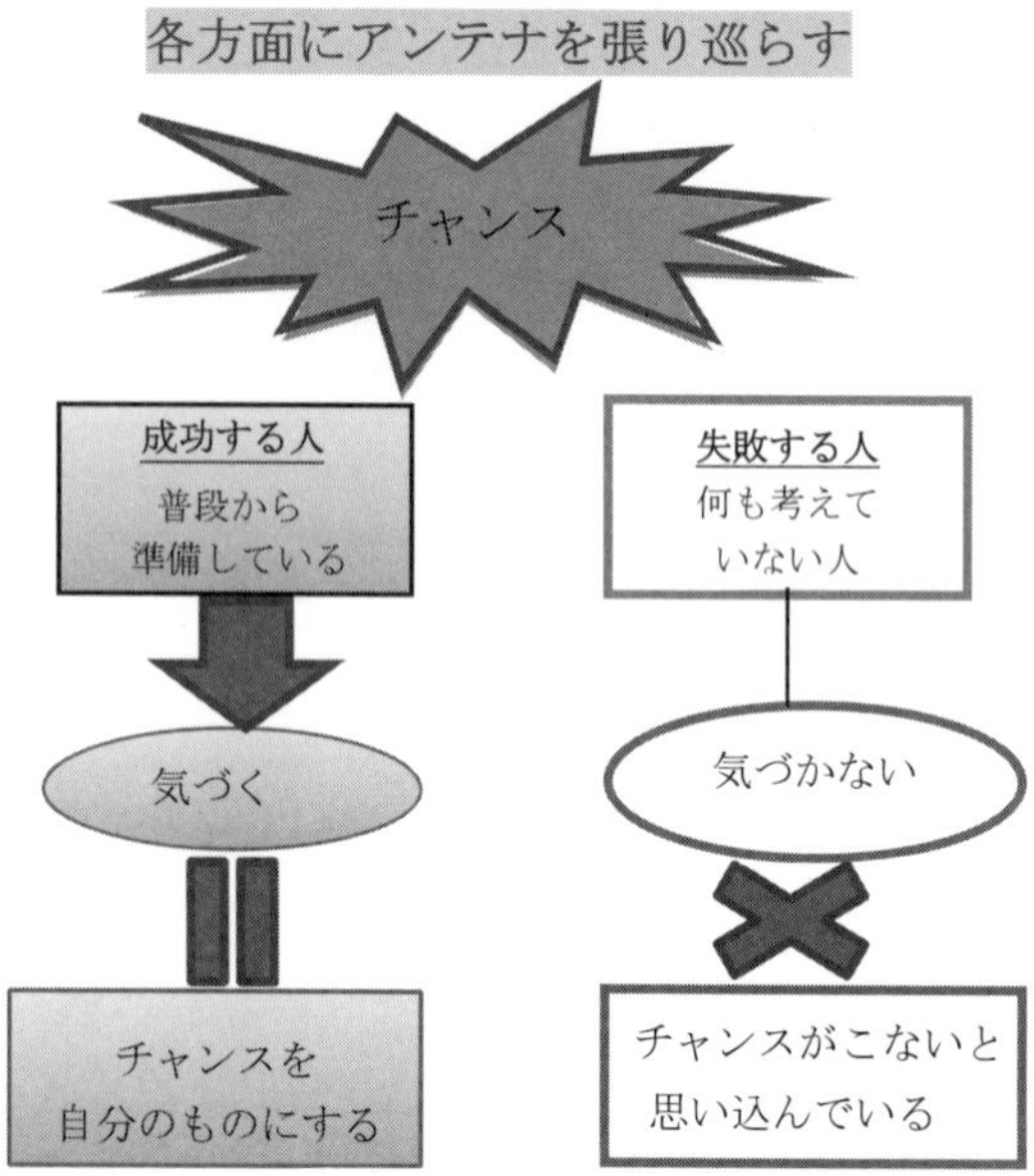
各方面にアンテナを張り巡らす
チャンス
成功する人
普段から
準備している
気づく
チャンスを
自分のものにする
失敗する人
何も考えて
いない人
気づかない
チャンスがこないと
思い込んでいる

仕事をする上で棚からぼた餅は狙ってはいますが、自分のなりたい方向に進んでいなければ、ぼた餅さえも見つけることができないのです。

ある日突然変わってなりたい自分に変身するというのは、実際には皆無だといっても過言ではありません。

まずは、今から自分の好きなことができる状態に自分をもっていくことができる環境づくりから始めるほうが、結果、近道なのです。

2 時には情報は捨ててしまうことも大切

アメリカはこうでなければならないという非常識

アメリカで今までに何百回と言われ続けたことがあります。それは、「ここは日本ではないのだから、アメリカではこのようにしてください」ということです。

特に、私の場合、対日本との仕事でしたので、日本の方にアメリカの慣習や状況を説明するのに随分工夫しました。それは今でも変わりません。

ただ、アメリカであるからこのようにしなければならないという常識は、時間が経過すると非常識にもなることがありますし、逆に非常識が常識に変わったりすることもあるのです。

非常識が常識に変わったりする

アメリカ市場で肩こりによいといわれるテープのセールスをしていたとき、「アメリカではバンドエイドが1ドルで購入できるのに、なぜこのテープは10ドルもするのか？」と言われ、商品を投げ捨てられたことがありました。

しかも、投げ捨てたのはアメリカ在住の日本人の方でした。本当に悔しい気持ちと、同じ海外で生活する日本人でありながら、なぜそのような発言ができるのか悲しい気持ちになりました。

数年後、テープはアメリカ人のお客様が当たり前のように10ドルを支払って購入する商品になりました。取引をしたくはありませんでしたが、当時テープを投げ捨てた店舗でも一番目立つ場所に陳列されていました。

アメリカでの非常識が常識になった一例です。

過去のデータは、開拓の参考にもならない

この出来事がトラウマになっているのかもしれませんが、私は「日本だから、アメリカだから」という言葉はあまり好きではありません。

確かに環境によって異なることはたくさんありますが、結局は自分がどう思うかが一番大切なのです。過去のデータも大切ですが、新しく参入するものは必ずリスクと周囲の反感も伴います。新しい商品を広めていくうえで、過去のデータは逆にマイナス要因になる場合も多いのです。

例えば、マクドナルドができた当初は、誰も見向きもしなかった存在でした。過去のデータというのは、新しいものを開拓していく場合の参考にもならないこともあるのだということをわかっていただければと思います。

世の中で成功しているのは、必ずといっていいほど、人に馬鹿にされても自分を信じてあきらめずに継続している人達なのです。

これは、成功者が共通して経験することです。周囲の反応も、事前に想定内として理解していれば、何を言われても必要以上に悩むことがなくなります。

3 自分自身を高めていく言葉や行動を知る

ビジネストークの常識はミリオン？

アメリカ人と商談をするようになって気づいたこと、それは口癖のように最低1ミリオンを売る（日本円で1億円）と口にすることです。最初はその意味を真剣に受け取り、日本の関係者にもそのまま報告していました。

仕事をして、まずPRの予算組みをするのにも、最低1ミリオン必要だと言われたことがあります。また他社との提携話等でも、「1年間で1ミリオンの売上が見込めます」と挨拶代わりにいいます。

謙虚が徳とされる日本に対して、自分をどれだけPRできるかが重要視されるアメリカですので、アプローチ方法も大胆なのです。

モチベーションをあげるためにはとてもよい言葉かもしれませんが、当初は本当に彼らの言うとおりアメリカの情報に沿ったビジネスをすることで1ミリオンの売上が見込めると信じていました。

しかし、最終的にあまりにも結果が異なることに落胆したこともありました。

ハワイでは、1ミリオンを口にする人は多くはありません。これはやはりマーケット規模もアメリカ本土とでは全く違い、また住民のビジネスに対する考え方も異なるからです。

【自分のモチベーションをあげるものは何か】

大切なのは情報に支配されない

大切なのは情報に支配されないということです。モチベーションを保つために1ミリオンと自分の夢を大きく持つことはとてもよいことだと思いますが、何もせずして1ミリオンというのは、非現実的です。

ただ、自分自身を次のステージに上げていくために自分のモチベーションを上げる言葉やきっかけは、何か持っているほうがよいのです。1ミリオンとアメリカ人が常に口にするのがまさにそうです。

それは言葉でなくても〝これができれば自分へのご褒美として、何かを買おう〟等でもよいのです。

自分のモチベーションを保つためのきっかけが何かを自分自身で理解し、自分のステップアップのために常に思い起こしながら行動することがポイントです。

4 潜在能力を生かして成功する

メンターとの出会い

２０００年1月、フロリダ州で開催されたコンベンションに参加したのですが、ここでメンターとなる方に出会えたことが、私を起業へと導いてくれました。

そこで、まず、メンターとは何かを簡単にお話します。

メンターというのは、師匠と弟子の関係に類似しています。コーチングとたびたび比較されますが、コーチングは一定期間、決まった目的の指導をするのに対し、メンターは仕事だけでなく私生活までもの人生の指針となる人のことをいいます。

日本でも、最近では自己啓発セミナー等、活発に行われていますが、自己啓発の最たる指導者がメンターといっても過言ではありません。

メンターに出会った日、全米アスレチックトレーナー協会主催のコンベンションに参加していました。コンベンション会場では、アメリカ国内外のトレーナーが集まって、年1度の勉強会を行っています。私は会場で自社の健康商品を紹介していたのですが、そこで出会ったのが、後にメンターとなる方だったのです。

彼は、最初は冗談交じりに商品説明を聞いていたのですが、話をしているうちに意気投合して、再度ミーティングの時間を取って、改めてビジネスの話をしようという流れになったのです。

外に電話をしました。

飛行機で5時間かけてメンターに会いに行く

コンベンションが終了し、ロサンゼルスに戻った翌日、メンターの住むインディアナポリス州郊外に電話をしました。

そして2週間後、メンターに会うために飛行機で5時間を費やしてメンターの住む小さな町エバンスビル（Evansville）まで行ったのです。

社内で出張申請を出して商談として行くためには時間がかかりそうだったので、初回は自費でまず会うことだけを考えて行くことにしました。そこには何も理由がなく、ただ直感ですぐメンターに会いたいと思ったに過ぎません。

現地に到着してすぐメンターに会っていろいろ話を聞いていただきました。話しているうちに、メンターの経歴も知ることになりました。メンターは、全米アスレチックトレーナー協会の顧問をしており、さまざまなスポーツチームのトレーニングもしているとのことでした。

中でも潜在能力開発が専門分野で、各選手のタイプによって、いろいろな方法を駆使して、各自の潜在意識を引き出してプラスになるよう活用しているとのことでした。

当時、メンタルトレーニングは、まだまだ日本では未開発の分野でもあったため、私はメンターの弟子として勉強させていただきたいと、その場でお願いしたのです。

使用されていない潜在能力が湧き出てくる

以後、仕事がなくても、最低1か月に1度はメンターと会う時間をつくりました。メンターは、惜しみなく彼の人脈を私に紹介し、公の場所にも人生経験として連れて行ってくれました。私の考えていることや、得意なことを私以上に知っているかのように分析されました。

メンターが主催するプロスポーツ選手を対象にした潜在能力開発セミナーに何度も同行しました。いつも決まって言うことは、「誰もが失敗し、短所もある。まずはそれを自分自身で受け入れ、誰もが完璧ではないということを心から理解することで、潜在能力は伸びていく」というのです。

【メンターの必要性】

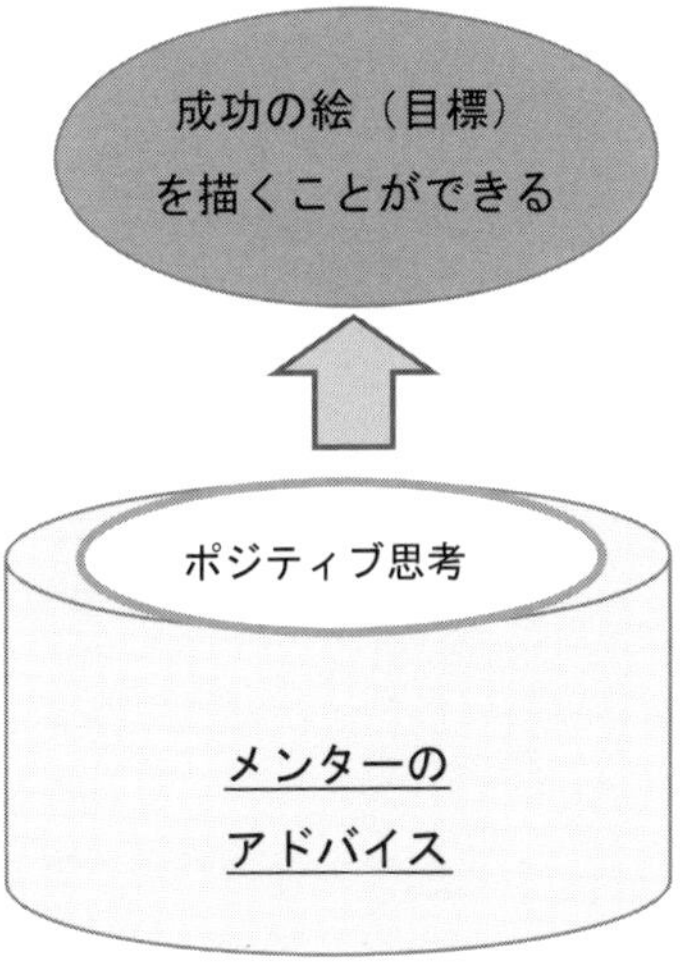

メンターと出会ってから数か月が経過した頃から、自分のコンプレックスが徐々に軽減し、リラックスできる時間が増えていることに気づきました。メンターいわく、「自分の弱さや短所を受け入れることで、脳もリラックスして本来自分が持っていながらも、使用されていない潜在能力が湧き出てくると」いうのです。

実際に、メンターのセミナーを受けたあとに、驚異的なスコアを出したプロ選手が何人もいました。目の当たりに見てきたので、メンターがスポーツや仕事、あらゆる場面での成功の鍵をにぎっているのだと確信しています。

5 負けは自分のステップアップにつながる

訴訟王国アメリカ

「アメリカは何でも裁判の国だから気をつけたほうがいい」というのは、誰もが口にします。会社で人の雇用をする際も、年齢、性別、国籍はもちろん聞けませんし、営業職等以外、仕事に必要性がない場合は、車を所持しているかを聞いてもいけないのです。

私の携わっていた会社も、アメリカ人が多かったので訴訟を避けて通ることはできませんでした。オープンしてすぐの頃は、何もなかったのですが、会社が成長していくにつれ、それに比例して訴訟される回数も増していきました。

商品を使用して不具合があったというお客様からのクレーム等の8割以上は、日本でいわれるクレイマーからの苦情でしたので、対処方法はすべてマニュアル化して対応するようにしていました。しかし、一番大変なのは、「精神的苦痛を受けた」との苦情です。

セクハラ訴訟

一例として、日本から来た女性上司が、私に全く悪気なく「女性は子供を生むべきよ」との一言を現地スタッフが偶然横で聞いていて、精神的苦痛を受けたとの訴訟をされたことがありました。

当の女性上司は、独身で子供ができなかったので、あくまでも私へのアドバイスとして言ったに過ぎないのですが、それがセクハラの対象になるとの話でした。驚きましたが、この裁判は長引いた上に、結局日本円にして約３千万円を会社側が支払うことで終結しました。

本当に悔しい思いをしましたし、時間を無駄に使ったように感じて仕方ありませんでした。

ただ、思い返すと、この訴訟をきっかけに自分自身がとても強くなりました。

実際に経験したことは、後に、誰かに説明をするときに何事にも変えられない説得力があります。

判決を聞いたときには、悔しくて落ち込みましたが、この経験があったことで現在少々のことでは動じない強い自分になることができたのだと感じています。

【負けはステップアップにつながる】

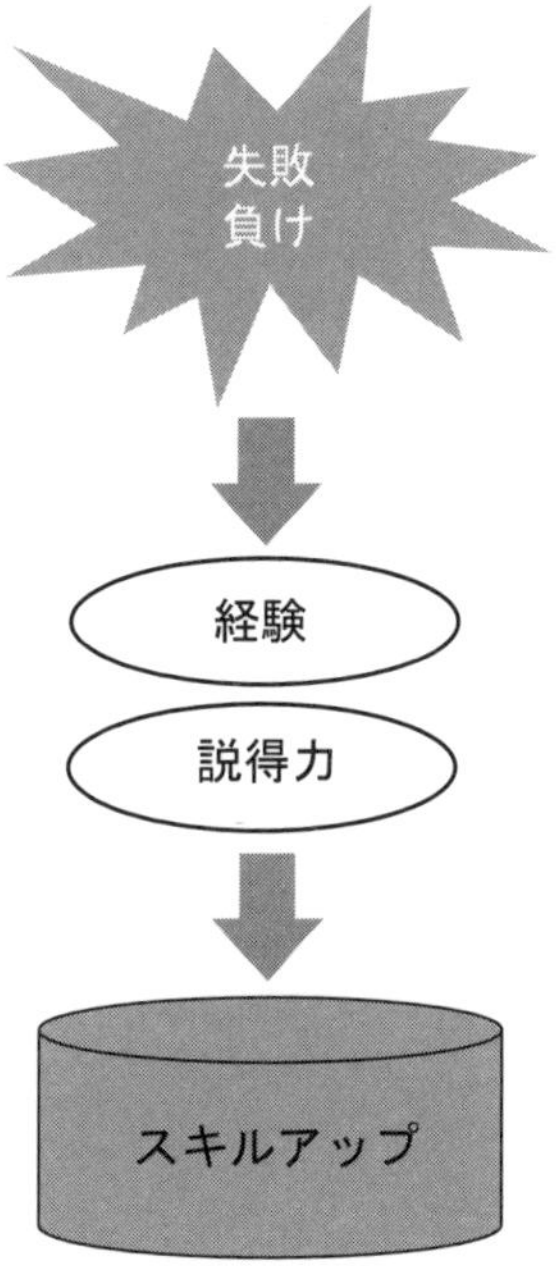

失敗は成功へのステップ

失敗や負けは、大きければ大きいほど、後に自分にとってプラスになります。そのときは、もう立ち直れないと思うこともあるかもしれませんが、必ず自分にとってよい経験になっているのです。

無駄な経験というの何もないのです。

6 成功する人としない人の唯一の違いは喜んでやっているか否か

自分も楽しむことへ軌道修正

仕事をしていると誰もが愚痴を口にすることがあります。そして、ときに壁にぶつかり身動き取れないような状況に陥ることもあります。

そんなときに、辛抱して継続して続けられるか、やめてしまうかで結果は大きく変わります。

アメリカに居住してから意識していること、それは、遊びはもちろん仕事もあえて自分の楽しめることをするように心がけるというのがあります。

きれいごとばかりでは仕事ができないこともありますが、この年齢になってやっと仕事が趣味だと心から思えるようになりました。

ときには嫌なことをしなければならないこともありますが、そんなときは仕事を調整しながら、好きな仕事も時々一緒にできるような環境をつくる等軌道修正をかけたりしています。

例えば、一人で何かをするのが辛くて仕方ないときは周囲に相談しながら進めていくようにするだけで、自分自身の勉強にもなり、また、誰かと一緒にすることで達成感を感じ、苦痛が和らぐことがあります。

好きなことをする自分をつくっていく

誰もがそうですが、嫌々やっていることは長続きしませんし、自分自身だけでなく、周囲までもが嫌な気持ちになります。結果的にみるとマイナスの状況をより悪化させてしまっているだけになってしまうのです。

アメリカ人は、採用面接の際も自己ＰＲ力に長け、やりたいこともはっきり言います。自己ＰＲのときは、例えば、日本語が片言しか話すことができなくても、「私は日本語ができます」と平気で言ったりする人もいます。これは悪気は全くないのです。そんな経緯もあり、私が行う面接では、できることよりもやりたいことを優先に質問するようにしています。

やりたいことをしているときは時間が過ぎるのも早く、気がつくと夜中になっていたりすることがあります。当たり前のことなのですが、好きなことをする自分をつくっていくことは、自分も周囲も両方が楽しく暮らすためのエッセンスなのです。

【成功する人】

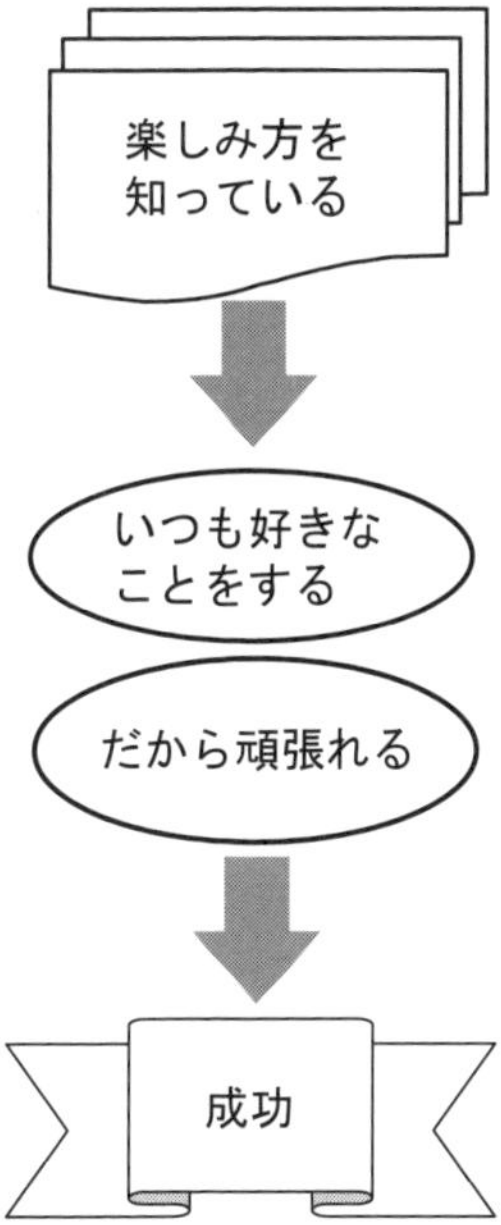
楽しみ方を
知っている
いつも好きな
ことをする
だから頑張れる
成功

まずは、上図を参考にしていただき、自分のおかれている状況を思い起こしながら、それをどのように楽しんでいくかを考えましょう。

小さなことから行動に移すことで、状況も大きく変わってきます。

7 聞き上手になる

20か国以上のスタッフと面談

異業種への転職をして一番辛かったことでもあり、今振り返ると良い経験にもなったと感じること、それは多国籍のスタッフと仕事が一緒にできたことです。弁護士からのアドバイスもあり、社内で人種差別問題にならないように多国籍のスタッフを平等に採用するように言われてきました。

母国語や肌の色が異なるだけでなく、根本的な考え方も異なるので、スタッフと顔を合わせるのが怖くなってしまうほどストレスを感じた時期もありました。

例えば、クリスマスに「メリークリスマス」と言っただけで、宗教に対する差別用語だと問題になったこともあります。

また、当時運営していた美容室には20名ほどのスタッフがいたのですが、ミーティング時に「自分たちのサロンだから、業者さん任せではなく、自分達で掃除をしましょう」と言ったところ、一人のスタッフから「私達は清掃業者じゃない」と反発が出て、話合いを重ねたにもかかわらず、落としどころがつかなかったこともありました。

毎日会社に行くことが、戦闘に向かうような気分で出かけていた時期でした。悩んで専門家にも相談しましたが、最後には自分自身で解決策を見つけていくことで少しずつ落ち着いてきたのです。

解決策は相手が何を望んでいるのか聞くこと

一言でいうと、「解決策は相手が何を望んでいるのか聞くこと」に徹することでした。私の常識は、他国では非常識でありタブーでもあるという慣習の相違で意見が合わないことも多くあったので、それしか解決方法はありませんでした。

私は思ったことがすぐに口に出てしまう性質でしたが、会社ではそれをまず控えるようにしたのです。意識してスタッフの話を８割聞いて、２割自分が話すように心がけました。そこから社内の空気は少しずつ改善されてきました。

最初は、スタッフの話を聞いていても全く理解できませんでしたが、継続することで慣れてきて、私なりに話を受け入れることもできるようになりました。正直、半分は諦めの気持ちもあり、考え過ぎないように自分をコントロールしていました。

要するに、人の話に耳を傾けて聞き役に回ることがすべてを円滑にする一番の解決方法であったのです。相手が話をしているときに、たとえそれが違うと思っても、最後まで話を聞いてから自分の意見をいうことです。

特に、話を聞いていて腹が立ってきたら、途中でも口を挟んでしまいがちですが、それは決してよいことではありません。お互いが気まずくなって口を閉ざしてしまうと、先に進むこともできないからです。

心の中で「これは違う!!」と思っても、まずは、「そうだね」と相づちを打ってから、続きの言葉を言ってみるようにすることが大切です。

相手の話を最後まで聞く

話を聞いてあげることで、相手は自分を理解してもらっていると感じ、あなたに対する信頼感も増します。

すると自然に相手が心を開くので本音もわかるようになります。相手が本音を話してくれることで、どのように付き合っていったらよい相手なのかということもわかってくるようになります。

誰もが心の中に自分のことを理解してもらいたい、自分の話を聞いてほしいと思う気持ちがあるので、ついつい一方的に話をしてしまうようになってしまいます。

【よい人間関係を保つ】

よい人間関係

聞き上手の5つのポイント

1．好意をもつようにする
2．存在を認める
3．誠実に接する
4．コミュニケーションを図る
5．信頼関係を築く

仕事も、私生活もですが、人間関係で悩みがある場合、まずは相手の話を最後まで聞くということを意識的に始めることで、すべてがスムーズにいきます。

コミュニケーションがうまく、相手の心を瞬時に引き付ける魅力のある人は、実は話し上手ではなく聞き上手なのです。

第7章　気がつけば起業ＩＮアメリカ　38歳

1 メンターがいることで仕事も人生も成功に導かれる

メンターの存在

メンターとの出会いがあったことで、私は最終的に起業するに至りました。起業するとき、周囲は口をそろえて言いました。「仕事にも満足しており、十分な収入もあるのに、どうしてわざわざ起業するの？」と日本の友達や知人は全員が反対しました。

起業すると生活も不安定になり、明日は何があるかわからないリスクがあります。ただ漠然と自分で新しいことに挑戦してみたいと思ったのです。

起業する前、メンターに相談をして、アドバイスをいただこうと、メンターのいるインディアナポリス州まで飛行機に乗って会いに行きました。最初の言葉は「おめでとう」でした。この一言で、私は起業する決断をしました。

データによるとアメリカで起業をしている人の90％以上がメンターをもっています。自分のよき理解者でもあり、岐路に立たされたときに自分の意思を引き出してくれる役割もしていただけます。

師となる人物像を持つだけでも随分変わる

日本で、メンターというのはあまり一般的ではないかもしれませんが、自分の師となるメンターをみつけることで、自分自身の迷いも軽減され、自分の希望する道がよりクリアに見えてくるようになってきます。

私の場合、メンターは仕事関係の方ですが、メンターというのは、あなたの親であっても、上司であっても、また友人であってもよいのです。

人は所詮一人で生きていくことはできません。良いメンターに出会うことで、まずは自分の気持ちが前進し、それに比例して仕事や生活が向上し、物質面でも豊かになっていくのだと確信しています。もし、自分にはメンターがいないと思われる方は、架空の人物であっても、ドラマの主人公であっても、誰か師となる人物像を持つだけでもよいのです。

【メンターとの出会い】

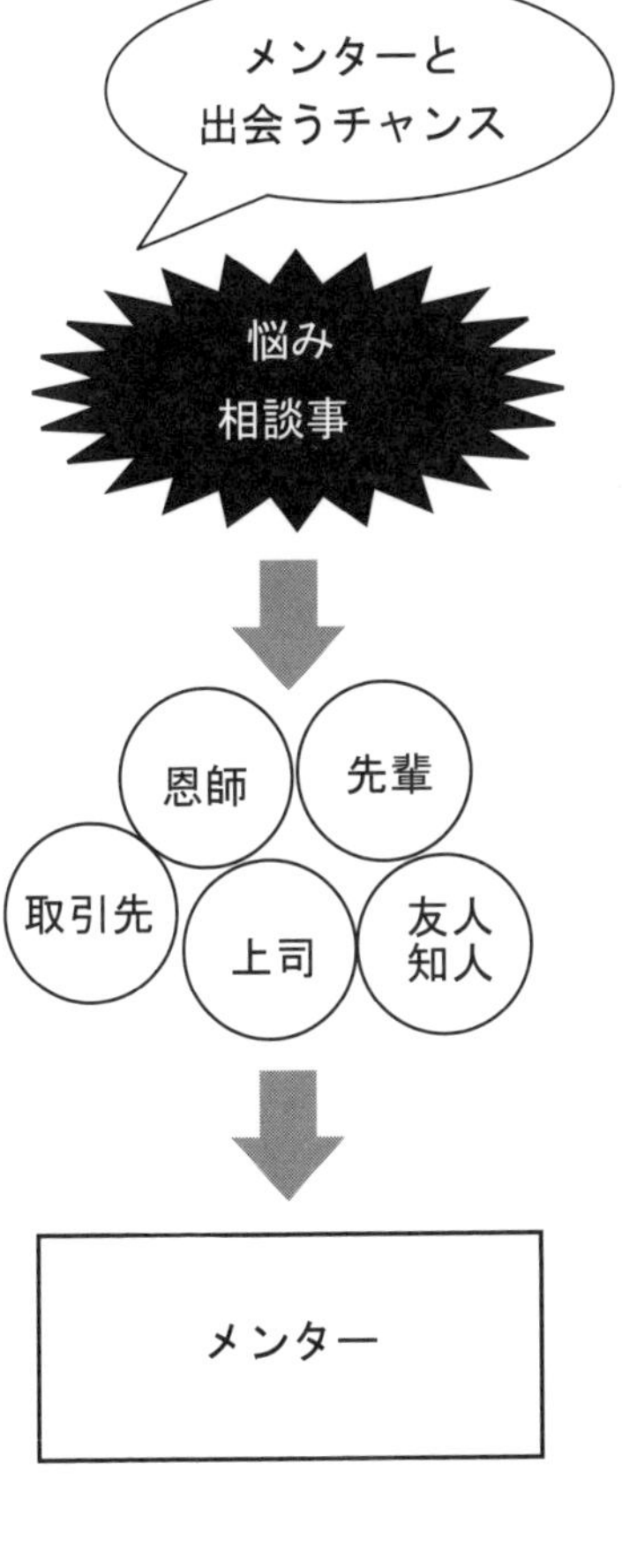

2 勇気は筋肉と同じで使えば使うほど鍛えられる

八方美人が習慣になってしまった理由

先日、ハワイのビジネスパートナーからいわれた一言が、自分の頭の中に残っています。

彼は、「長所でも短所でもあるところは、誰とでもうまくやっていこうとするところであり、短所として捉えると八方美人だ」というのです。続けて「誰かに嫌われることが一番恐怖なんだよ」と付け加えました。

10年来のビジネスパートナーなので、さすがに私のことはよくわかっています。

私も最初から八方美人であったわけではありません。どちらかというと、白黒はっきりし過ぎていて失敗することも多くあります。ただビジネスパートナーがそのように理解しているというのは意外でした。

起業をした当初は、毎日がローラーコースターに乗っているような感じで、浮き沈みも激しく、仕事がなければ翌日の生活にも影響しました。

良いことではありませんが、仕事をしていく上で、必要に迫られて、各場所や状況に合わせて立ち回っていくようになったからだと思います。

仕事、特に営業的なことをしていく上で、自然に身についていった処世術で、それが習慣になったのかもしれません。

意外に簡単！　知らないところに飛び込む勇気

当初は飛び込み営業をしなければいけないときもあったので、知らない企業にアポを取って、毎日何件も営業に出かけました、中でも、日本の営業はとても緊張しました。服装、髪型から、一通りの礼儀までインターネットで事前に勉強していったものです。

そこまで、準備をしていっても、ちょっとした習慣の相違で驚かれることも多々ありました。例えば、夏の暑い時期に出していただいたお茶も一気に飲みほして、周囲が一瞬に静まり返ったというような何気ない作法の違いです。

全く知らないところに飛び込むというのは勇気のいることです。それはアメリカにいても同じです。ただ、何をするのも同じですが、最初に勇気をもって何かを始めることで、その先は何もなかったように簡単に進むこともあります。

初対面で最初の10分は、相手も探りを入れてきたりで、ぎこちないムードのこともありますが、心が伝わればその後は自然とスムーズに進むものです。

まずは最初の一歩を踏み出すことから始めましょう。初めは勇気がいるかもしれませんが、それも回数を重ねるごとに慣れてきます。

勇気は筋肉と同じで使えば使うほど鍛えられ、自分に自信が持てるようになるだけでなく、同時に周囲からあなたに対する信頼感も得ることができるのです。

3 仕事は信頼関係構築から始める

ビバリーヒルズで学ぶユダヤ商法

土地柄や業種も関係して、起業してからは、特にユダヤ系の方との関わりが強くなりました。エンターテイメントやスポーツ関連を運営している企業はユダヤ人オーナーが多かったからです。

ユダヤ人というと石油王で成金というイメージがありましたが、アメリカでビジネスをしている人達はそれだけではありません。周囲には、エンターテイメント、宝石販売、オイルマネーで事業をされている人がいますが、彼らと話をしていると古き良き日本を思い出します。

最初に仕事で知り合ったユダヤ人は、ビバリーヒルズとニューヨークに拠点を置く大手プロダクションのオーナーでした。

出会いは、私が以前勤務していた美容・健康製品のお客様として彼がお店に来られた際に、スタッフの対応が悪いとのクレームを受けたことがきっかけです。かなり怒っていたのがわかったので、取りあえず改めてアポイントを取って、オフィスまで謝罪に行ったのです。

もちろんそのときは、彼の職業を何も知りませんでした。オフィスに行って、彼の素性を知り驚きましたが、その日はただひたすら謝罪することに徹しました。

親しくなって信頼されると絆は本当に深い

その後、彼の秘書を介して私に連絡が入り、日本の広告代理店主催で映画のイベントをするのに同行できないかとの相談を投げかけられました。最初は肝入りのクレーマーだと思って会っていたのですが、回を重ね、自宅で主催されるパーティー等に行くようになってからは、本当の彼の姿がわかるようになってきました。家で話をする彼は、田舎の祖母を思い出させるような穏やかなイメージでした。

最初は、虚勢を張って強面でいつも威張っている姿をみていたので、そのギャップは未だに、何かある度に思い出します。

おおむねユダヤ人は桁外れなお金持ちの人が多いのですが、それも関係しているのか、親族であってもお互い信頼していないという人も多くいます。一度、別のユダヤ人の友達に呼ばれてレストランで親族を紹介されたときも、事前に「親戚が近寄ってきても、信頼していないから無視してね」と言われ驚いたことがあります。

しかし、一旦親しくなって信頼されると絆は深いものになります。家族ぐるみの付合いになり、事あるごとに会い、旅行までも一緒にします。

商売は逃げないからまず食事でもしよう

彼らはビジネスに対して自信があり、金銭的にも困っていないので、あまり焦りが見受けられません。仕事の話は全くせずに食事に行って世間話を楽しみます。信頼関係があって、はじめてビジネスが成り立つということもわかっているので、まずは信頼関係構築からスタートする流れを崩すことがありません。

お酒を飲みながら親交を深めていくというスタイルは、昔の日本スタイルに類似したところがあるような気がしてなりません。

「時間がないので用件だけ」といったミーティングが最近多いような気がしますが、ユダヤ人は「あせらなくても商売は逃げないからまず食事でもしよう」という人が多いのです。

食事ばかりしているのもよくないかと思うこともありますが、仕事以外のことで自分達が腹を割って話をしてからビジネスをはじめるというユダヤ商法は、今の日本ビジネスにおいて学ぶことはたくさんあるのではないかと感じて仕方ありません。

ビジネスも人と人との信頼関係で成り立っているので、嫌いな人と我慢して仕事をしても長続きしません。そんな失敗をしないためにも、事前にお互いを知る時間を十分に持つユダヤスタイルの信頼関係構築術は、一見無駄に見えて実は一番大切なプロセスなのです。


【ユダヤ人商談プロセス】

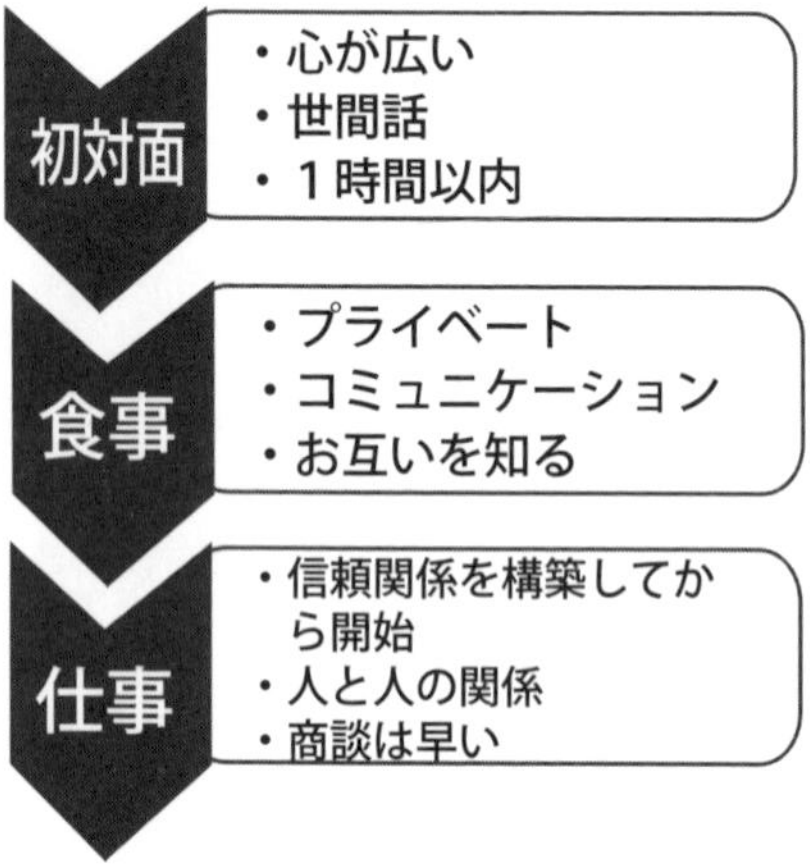

4 常に自分の夢を人に語る

アメリカンドリームは健在

アメリカでは、幼少の頃から親や学校から独立心、自己主張がきちんとできるよう教育を受けます。それが根底にあるので、大人になってから、独立して起業することも良いこととしての認識があります。

私が起業した際にも、周囲は口々に「おめでとう。私に何かできることがあったらお手伝いします」と言われました。アメリカには、独立する人を応援する体制が整っています。

例えば、自分のつくったものや発明したものをインターネット上の動画で紹介して投資を受けるシステム「キックスターター」も良い例です。動画上に、商品を広めるために資金がいくら必要かも掲載して、一般の人達からの資金援助を募っていくというものです。

アメリカ人の友人は、自分で映画を制作してキックスターターで5万ドル（日本円で約５００万円）の資金援助を募り、見事達成し、ハワイの小さな映画館で放映しました。

夢を多くの人に語る

日本はアメリカと比較すると、自分の夢を語る公の場所が断然に少ないのが現状です。言い換えると、慣習として「自分の夢を語る」という機会がアメリカのようにありません。

私は幼少の頃からどこに行っても自分の夢を語っていました。それは大人になっても変わりませんでした。いつも家族や友人からは、「夢だけで生きていけるのなら誰でもそうするよ」と失笑されましたが、それでも夢を語り続けました。

起業前、日本に行って自分の夢を周囲に語ったところ、冷めた目で見られたことがありました。しかし、たとえ馬鹿にされたとしても、夢を語り続けることはとても重要だと思っています。99人が馬鹿にしても、残りの一人が賛同してくれたら、そこから先が見えてくることもあります。

心の中にしまっておくのでは、チャンスを自ら逃しているようなものです。

私が起業できたのも、夢に共感していただいた方々の協力があったからです。

「そんなことできるわけがない」と99％の方に言われましたが、「できる」と言われた1％の方の意見を信じ、一緒に歩んできています。現在でもその方々や仲間達と夢を語り合っています。

結局は、やるのもやめるのも決めているのは自分自身です。自分自身が諦めると、夢も叶いませんが、逆に諦めなければ夢は逃げません。

自分のやりたいことや夢のある方は、それを一人でも多くの人に語ってください。少しずつであっても前進していきます。

大きな壁にぶつかっても、それを人に公言することで自分自身ががんばれるようにもなりますし、助け舟も出てくる場合があります。周囲の反応を気にしながら自分の胸の中にしまっておくのでは、結果、宝の持ち腐れにもなってしまいます。

5 100通のメールよりも、5分でも直接会うことを心掛ける

意外なアメリカのアナログ対処法

気をつけていることの1つとして、どうしてもこの商談は成功させたいと思ったときや、トラブルが発生したときは、必ず直接当人に会うようにするというのがあります。これはとても大切なことです。特に起業してからは、意識して直接会って話をするように心掛けています。

アメリカでは、何でもメールで対処して、直接会う等のアナログ的な仕事はしていないように思えるかもしれませんが、相手の目を見て話すことに勝るものはありません。特に、私の場合、英語が母国語ではありませんので、小さなニュアンスの違いで自分の思いが１００％伝わらないこともあります。目を見て話をすると、話が的確に伝わっていない場合は、相手の表情で読み取ることも可能です。アメリカは日本の27倍の国土面積がありますので、直接会うといっても、移動だけで飛行機で8時間かかる場合や、車で1日がかりで会いに行くというのも普通です。

片道約10時間かけて商談に行く

当時、ゴルフ関係の商談を上手くいかせたいと思い、アリゾナ州のスコッツデールという場所に足繁く通いました。飛行機に乗るのも中途半端な距離だったので、ロサンゼルスから片道約10時間

かけて商談に行っていました。取引先の方も驚いていましたが、やはり遠方から会いに行ったことが功を奏してか、商談は現地に行くたびに大幅に前進しました。

往復で20時間の移動というと、時間がもったいないと思われる方もいらっしゃるかもしれません。しかし自分が逆の立場だったらどう思うでしょうか。どんなに上手な文章のメールをもらうよりも、遠くから直接会いに来てくれた人のほうが、心象がよくなるのは間違いありません。

日本の場合、特にその傾向が強いように思います。私自身のことになりますが、昨年は、アメリカの仕事に追われ、日本にあまり帰ることができませんでした。そうすると、日本との仕事の数も人との出会いも少なくなってきているのが目に見えてわかります。

いつも日本に行くと、多忙なスケジュールで、日本国内を縦断しながら時間の許す限り商談を入れます。ほとんどの方が「遠くからはるばる来てくれてありがとう」といい、仕事の話も一気に進みます。

メールという便利なツールがあるのに、わざわざ時間とお金を使って会いにいくなんて邪道だと思われる方は要注意です。結果的には直接会いに入ったほうが、時間も費用もすべて削減されるケースがほとんどなのです。

トラブルやクレームのときは面談が早期解決につながる

特に、トラブルやクレームがあった場合は、直接会いにいくのが億劫になってしまい、メールで済ませたいと思ってしまうでしょう。

【最終的に人はアナログで動く】

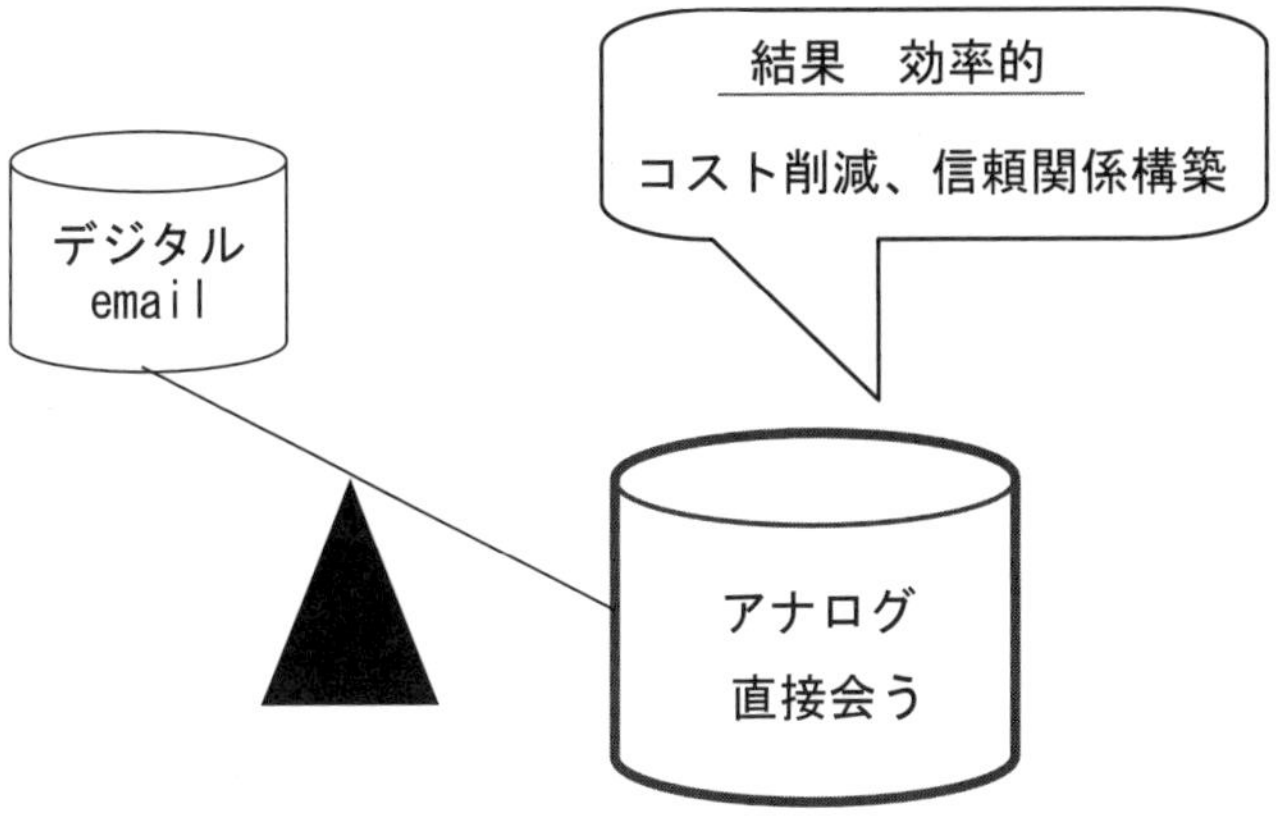

何とかして逃れたいと思う気持ちもあるかもしれません。しかし、結局は直接会うことが早期解決につながるのです。

そのように思うのも、過去にメールや電話で何でも片づけようとして失敗したことが何度もあるからです。

大きな契約を逃したこともありますし、いつかは修復できるだろうと思っていた状況が悪化し、裁判にまでなったこともあります。

デジタル社会の今だからこそ、余計にアナログの処世術が重要視されるのだと思います。

たとえ大手企業のオーナーであっても、いざというときは、海外にまで行って直接会って交渉ごとを締結します。

１００通のメールを送るより、たとえ５分であっても、相手の目をみて話をすることのほうが目に見えて効果が得られると同時に、信頼関係構築も容易になるのです。

6 暇を利用しない人は、常に暇がない

オンとオフの切替えの達人達

日本人とアメリカ人の異なる点として、オンとオフの切替えができるかできないかというのがあります。アメリカでは、どんなに忙しくても休暇はきちんと取ることが、仕事にとってもプラスになると皆が納得して休暇をとることを推奨します。

皆さんもテレビでご覧になったことがあるかと思いますが、大統領もメディアで公表して休暇を取りますし、企業のオーナーや管理職も自らが率先して休暇を取ります。それは、経営陣が休暇を取らずに働いていると、スタッフが休暇を取りづらいからというのも理由の1つです。

私も独立するまでは、毎年2回の休暇をとって旅行をしていました。どんなに忙しくても休暇を取るように、専門家からアドバイスを受けていたことも理由の1つです。これはとても大切なことだと感じています。

休日出勤や残業をすることが良いことのようにいう方もいますが、結局はメリハリがなくなってしまい、ダラダラしてしまう場合が多いのが現状です。

仕事に対しても「量より質」です。それは、休暇から戻ってきたときのスタッフの顔と仕事の取り組み方を見ると一目瞭然です。

「忙しい」という口癖をやめる

私も起業してからは、自分が動く分仕事になると思い、数年間は全く休暇なしで働き続けました。家でも仕事をして、24時間仕事をしている気持ちでした。しかし、それは結果、とても効率が悪かったことに気づきました。

同時にその頃から、「忙しい」という口癖をやめようと決心しました。皆、忙しいのです。周囲を見ていても、本当に忙しい人は「忙しい」と口にも出さず、時間を上手く利用してメリハリのある生活をしています。

まずは今日からでもできることとして、「忙しい」という口癖のある人は言わないようにしてみてください。

そして、予定表に自分がやりたいことをする時間も必ず追加してあげてください。そうすることで、自分のやりたいことができる時間が少しずつ増えていきます。

何もしない日をスケジュール化する

私は時間管理が下手で、気がつくといつも仕事をしています。決してよい意味ではなく、長時間していているときは、ダラダラとして効率が悪くなっている場合が多いのです。

今では意識して、1週間に1度は何もしない日をつくります。それでも何か入っていることが多いのですが、普段から暇のない方は、まず何もしない日をスケジュールに書き込むことから始めるのが効果的です。

7 失敗は成功へのプロセス

何度も失敗を繰り返す成功者達

私は自分の好きなことを自分の仕事にするように、皆さんに言っています。「人生そんなに上手くいくわけがない」と言われ続けていますが、上手くいかないからこそ好きなことをするべきなのです。自分の好きなことでなければ継続することはできないからです。

アメリカの成功者達のインタビューを聞いていると、「何度も失敗を繰り返し、周囲からは白い目で見られたりした時期もあったけれど、好きなことをしていたので続けることができた」と耳にすることがよくあります。

そして、それに続いて必ず「家族やパートナーのサポートがあったのでここまでくることができました」と。

パートナーというのは、前項でもご紹介したメンターである場合もあります。

人は一人では生きていくことは不可能です。世の中の成功者と呼ばれる人達も、好きなことを仕事にして成功するまでに、大勢の人に助けられながら今の成功があることもわかっています。

好きでないことを仕事にしていたのなら、大半の方がきっと途中で諦めています。起業するのは簡単ですが、それを継続し成功させるまでのプロセスは、「忍耐」の一言に尽きます。

諦めず継続できる理由を持つこと

まだ成功には至っておりませんが、起業して今年で10年目になります。家賃を払えなくなったり、税金を払えずに銀行口座が止められたりしたことも1度や2度ではありません。何度もやめて日本に帰ったほうが楽なのにと考えたこともあります。

いつも、ぎりぎりまで何とかしようと思う性格ゆえ、どうしようもなくなってからビジネスパートナーに相談したこともあります。

でもなぜやめなかったのか。改めて考えると、独立した際の資金援助を母から受けたからです。母に資金援助を依頼することは、私自身にとっても辛いことでした。母は「ゆかりは早くから独立したし、一人でがんばっていたからママは何もしてあげれなかった。ジュニア育成の夢をかなえるために、離れた日本から応援するね」といい、翌日には５００万円が振り込まれました。「ありがとう」とだけ言いましたが、電話を切ってから申し訳ない気持ちでいっぱいになりました。

そのとき、何があっても諦めないし、自分が成功して母を1年に数回はハワイに呼ぼうと決意しました。

起業するのは簡単だが、継続するのは大変

起業するのは簡単ですが、継続するのは大変なことです。毎日が失敗の繰返しで、悩んで立ち止まっていると、瞬く間に積み上げてきたものが崩れてしまいます。そんな9年間でした。

例えると、最初はさらさらの砂を山にしては崩れ、またつくり直すの繰返しでしたが、時間が経

つにつれ、砂が泥になり、気がつくと少し硬めの土になったかなと感じています。

これからも土が崩れいつ砂に戻るかわかりませんが、好きなことをしていることと応援してくれている母やパートナー達の気持ちを考えると何があっても続けたいと思っています。

好きなことをするために、途中経路を変更して異なる仕事をすることもあります。硬い1枚岩になれる日がいつ来るかはわかりませんが、寄り道をしながらも目標に少しでも近づけるようになればよいかなと、毎日のように考えています。


【失敗は成功のプロセス】

失敗は成功へのプロセスと一般的にいわれておりますが、まさにそのとおりです。
その回数が多いほど、次のステップにあがっていくための課題も明確になり、人は成長していきます。
失敗するともちろん落ち込み絶望感に襲われることもありますが、後で振り返ると、そんな失敗があったからこそ、今の成功があるのだということもわかるようになります。

第8章　夢の楽園ハワイ移住VS
夢を追い続ける自転車操業生活　41歳

1 自分が継続できるものは何かを見つける

父を奪った憎きゴルフ

父は、週2、3回ゴルフをするほどのゴルフ好きでした。クラブを新調しては、家族の前で自慢していました。ただ、私にとって父のゴルフの話を聞くのは退屈でしかありませんでした。週末も家にいることはなく、昼間はゴルフに行き、夜にはゴルフ仲間と共に自宅に戻ってくる父が嫌いでした。お酒に合うおつまみを用意する母を見て、いつもかわいそうに思っていました。

そして、父は最後、ゴルフ場で急死してしまいました。私にとってゴルフは、父や私達家族の幸せを奪った憎きスポーツだという思いしかありませんでした。

やはりゴルフの仕事をしたかった

それが2006年、プロのゴルファーのアメリカでの生活基盤をつくるためにゴルフスクールの場所探しを行ったことがきっかけで、ゴルフ事業をするために別会社を設立することになったのです。本当にこれでよいのか何度も何度も自問自答しました。

そこでわかったのは、やはりゴルフの仕事をしたかったということでした。父に対する意地を張っていただけで、やはり親子です。本当は、ゴルフが大好きなのです。

決断したら、あとは前進するのみです。当初、長年住み慣れたロサンゼルスで、ゴルフアカデミーを設立しようと色々な場所を見て回りましたが、結局、納得の行く場所は見つかりませんでした。良い場所はあるのですが、選手の諸条件をクリアする場所がなかったのです。

新しい事業のことだけを考えられる環境に身をおく

そんなときに、ふと思いついたのがハワイでした。人生の分岐点で必ずといってよいほど関わりがあったのがハワイです。前職のときも、アメリカ本土でのビジネスに苦戦して、まずはハワイから始めてビジネスが軌道に乗った経緯もあります。

ゴルフに対しても、ハワイであれば選手がリラックスできて、メンタル面でも効果が上がるのではないかと考えたのです。どのスポーツでもメンタルトレーニングは重要視されますが、個人競技であるゴルフは特にメンタルで左右されます。

ハワイであれば、場所自体がメンタルトレーニングの場になると考えたのです。

ただ問題は山積みでした。ハワイにゴルフアカデミーを設立するということは、ロサンゼルスを引き揚げなければならないということでもありました。

しかし、そのとき既に気持ちはハワイにありました。

まずは、会社スタッフに説明をし、長年住み慣れたロサンゼルスを離れる決意をしました。ビジネスとして成り立つかの目処も立たないまま、新しい事業のことだけを考えられる環境に身をおこうと思ったのです。

② すべての企画は「思い」から始まる

翌日に振り込まれた資本金

現在のビジネスの基盤ともなっているゴルフアカデミー設立には、前項でもお話しました母からの資金援助、そして現在のビジネスパートナーからの投資を受けることで一気に加速し、実現に至ることができました。

設立直前、日本に行った際にビジネスパートナーに「1時間お話を聞いてください」と連絡をし、大阪空港のコーヒーショップで飛行機の待ち時間のわずかな間に相談したことを、昨日のことのように覚えています。ミーティングでは緊張感の走る中、ジュニアゴルファー育成への思いをたどたどしく話しました。すると、その場で「やってみましょう。明日銀行に資金を振り込みます」との返事が返ってきたのです。

「思い」がすべての方向性を左右する

以前私は、現在プロとして活躍するゴルファーのご両親に「息子を海外で活躍させたい」と相談を受けたにも関わらず、何の返答もできなかったことがありました。その出来事が未だに自分の心に残っており、その言葉がジュニアゴルファー育成をしたいとの思いを強くさせました。ご存知のとおり、日本はゴルフというとお金がかかるスポーツで、ジュニアといっても家庭が裕福でなければ練習さえもままなりません。

ある日、全国トップレベルのジュニアゴルファーのご両親から「うちの子はダイアモンドの原石なのです。その原石を磨いてもらえないんですか。光るにはお金も場所も必要なのです。宮崎さんは既にできた商品だけを見てるのですか」と言われたことがあります。

何もできない自分がいることを再認識させられたようでとてもショックでした。同時に、そのとき小さなことでもできることから始めてみたいと思ったのです。

仕事も人生も「思い」に勝るものはないと確信しています。

「思い」があってはじめて、それを文章に表現したり、数字に表したりして相手が納得する内容をつくることもできると思っています。

「思い」がすべての方向性を決めるきっかけにもなります。

「思い」を継続する

「思い」を継続するには、時には寄り道をしなければならないこともあります。

時期や資金面の状態も大きく左右されます。「思い」がすぐに叶うとは限りませんので、挫折したときは他のことをしながら「思い」を進めていける方向にもっていけるように、状況を待たなければいけないときもあります。

ただ継続するには諦めないということを、まず根底に置かなければなりません。

③ 運のいい人と一緒に居ると流れも変わる

気の合う仲間との仕事

ハワイに移住をしたのは41歳のときです。この頃になると、自分の仕事や人生の集大成をつくっていきたいとの思いが、少しずつではありますが湧いてきました。日本、そしてオーストラリア、アメリカほか世界54か国を渡り歩いて色々な人にも出会いました。

結果、感じることは、国籍や人種は異なっても同じ志を持った人達で集まって仕事をすることが、一番良い結果を生むということです。何事も無理強いしたところで改善はされません。

ハワイに来てからは、今まで以上に自分の思うがままに行動するようになりました。ハワイの気候や風土も関係していると思うのですが、ここにいると自分が素になってすべてをオープンにすることができるのです。

それは、自分の仕事仲間も同じ思いでした。志が同じ人が集まると、不思議と物事がスムーズに流れるようになります。今まで一人でやりたいと思っていた事柄が、仲間が集まることで何倍もの力を発揮することができます。

また、トラブルにあっても容易に乗り越えられるようになりました。皆が同じ目標に向かって前進しているので、モチベーションも高まる一方です。

自分の意思や目的がしっかりしている必要がある

ただ、気の合う仲間と仕事をするには、自分の意思や目的がしっかりしている必要があります。

自分が何をしたいのかがわからないという人は、まずはやっていて楽しいことをすること、そして楽しく話せる人と一緒にいる時間を増やしていくことが大切です。

運のいい人と一緒にいることです。ここでいう運のいい人とは、自分が一緒にいて居心地の良い人のことです。そうすることで、互いが同じ思いの人を引き寄せていつの間にか絆の強いグループができます。

今自分のしていることに、あまり心地良く感じていない人は、まずは一緒にいて楽しいと思える相手との時間を少しでも多く持つことから始めてみてください。

自分の流れを変える

本当の自分が見えない場合でも、心地良い方向に身をおくようにすることで、流れは変わってきます。誰から見ても、運のいい人であっても、自分にとってはそうでないこともあります。あくまでも自分の感じるままに良い方向を選択していくだけでよいのです。

人に流されやすいという人は、自分の意向と異なる場合や疑問を感じたときには、すぐに相槌を打つのではなく、まず一呼吸おいてから答えを出すようにしてみてはいかがでしょうか。

イエスマンを卒業するだけで、先行きも大きく変わってきますので、自分の気持ちにはいつも素直に従うように心がけてください。

4

人や趣味への投資をケチらない

お金持ちより素晴らしい人

昨年、日本に里帰りしたときに、母とゆっくりと話をしました。

私が「お金持ちになることと、素晴らしい人と周囲に言われるのとどちらが幸せなんだろうか？」と真剣に質問しました。すると、母は「お金はなくなるけど、心はなくならないから、素晴らしい人のほうが断然に幸せになれるよ」と答えました。私も全く同感でした。

30代の頃、億万長者になるといった内容の書籍を何冊も読んだことがあります。しかし、当時からなぜかピンときませんでした。ハワイに来て特に思うのは、お金よりも断然大切なものは信頼関係だということです。

ハワイに住んでいる人達は、口癖のように「ハワイは狭いから皆つながっていて、すぐに何でも噂になる」と言います。本当にそのとおりなのです。その代わりに、信頼関係さえあれば大都市とは異なりさまざまな分野で融通もきくという利点もあります。良い意味でも、悪い意味でも競争心の少ない土地柄です。

1つ大切なこととして、素晴らしい人になるためにも、良い人間関係を構築していくためにも人や趣味への投資はケチってはならないということです。

自己投資は自分のスキルを向上させ、人間関係構築にもプラスになる

このような投資は、自分のスキルを向上させ、良い人間関係構築にもプラスになります。同じ趣味を持った人と知り合うことで、話も通常よりスムーズに進んだりもします。

私の場合、本当に資金繰りに困ったとき、借金をしてもゴルフに行きました。ゴルフは大好きですが、実際そのときはゴルフがしたいという気分にもなりませんでした。ただ、そのときは借金をしてもゴルフに行くことが必要だと感じたのです。それが正しい判断であったかどうかは未だにわかりません。

１ついえるのは、当時ゴルフを一緒にさせていただいた方々と今でも仕事、プライベート共にお付合いをしているということです。趣味を通じて知り合った人達ですから、仕事以外の絆もより深くなっているのです。

必要ｖｓ不必要な投資とは

自分の趣味や資格取得のための投資は、自分自身の視野を広げ、見解を豊かにしていくためにももちろん必要な投資です。また、今後何らかのつながりができると感じている人と食事等に出て、そこでお支払いをするというのも、ある意味必要な投資です。

逆に、自分が欲しい洋服を散財して購入したり、また外見ばかりに気をとられて投資することは、仕事に必要な場合は除くとして、基本不必要な投資となる場合が多くあります。投資をするにしても、将来何かができることを視野に入れながら行うことが大切です。

5 自分の好きなことを追求する

夢を売ることを仕事にする

「好きなことをしてお金儲けをしようなんて、人生そんなに甘くない」と多くの方々からいわれています。確かにそうです。しかし、何が一番自分にとって幸せかを考えたとき、夢を目標にして一生懸命になっている自分が一番幸せだと思ったのです。人生甘くないというのも十分にわかっているつもりですが、それでも自分の夢を追って生きていくほうを選びました。

それは、ジュニアゴルファーの育成です。応援してくれる方も少しずつ増え、選手も口コミでゴルフ合宿に参加してくれていますが、成功というにはまだ遠い道のりが残っています。

ハワイ合宿後にプロに転向した選手も多くいますが、ゴルフはほんの一部のトッププロを除いてはプロに転向してからもお金がかかるというのが現実です。奨学金制度等をつくり上げて、将来有望な選手には思う存分練習できる環境を用意する、また誰もが簡単にゴルフを始めることができる環境を提供できるようにすることが将来の夢であり、目標です。

足掛け9年、夢は持ち続けていますが、途中で金銭的に苦しくなって、ほかの仕事もしながらの経営ですので、時間がかかるのは覚悟しています。

途中でもうだめだと感じたことが何十回もありますが、少し落ち着くと再びゴルフ事業に集中してしまうので、私自身の夢に対する思いは本物だと確信しています。

アメリカンドリーム伝説が生きている

アメリカでは、自分の夢を紹介して、投資家を募るウェブサイトが多くあります。日本でもその取組みがなされようとしたことがあるようですが、思うように進展しなかったと聞いています。

見ず知らずの人がウェブサイトを通じて夢の応援をしてくれるシステムが整っているというのは、アメリカにはまだアメリカンドリーム伝説が生きているのだと認識するところです。

日本の若手起業家支援

先日、ＴＶを見ていたら、日本では若者がＩＴ関連で起業するために投資家が支援するという内容の特集がありました。

起業家は若干26歳でしたが、「僕はこの夢を大手企業に持っていきましたが、常識では考えられないと却下されました。しかし、僕はこのシステムは将来的に絶対に需要があると信じて進んできました」と言っていました。

この若者が起業したのは6年前、わずか20歳のときだったとの話でしたが、自分の信じたものを貫くことで、応援してくれる人も集まり、大手企業の分野にも参入しているとの話でした

夢ばかり追っていたら、日本では異端児扱いされるかもしれませんが、継続することでいつかそれが常識になり、応援してくれる人も出てくるという好例でした。

6 幸せだから笑うのではなく、笑うから幸せになれる

ハワイの笑顔

ハワイに初めて来たときに思ったことは、皆さんの笑顔が何て素敵なんだろうということでした。老若男女、職種や国籍も関係なくどこに行っても明るい笑顔で応対してくれるのです。

アメリカ本土も基本は笑顔ですが、場所によって異なります。ロサンゼルスの友人がハワイに来たときに「韓国レストランのウェイトレスさんまで対応がとてもよい」と驚いていたのをよく覚えています。

私自身、ハワイに来てからこの笑顔にずいぶん癒されたものです。どんなに嫌なことがあっても、この笑顔で元気になれるから不思議です。また、自分がどこに行っても自然に笑顔が出るようにもなりました。日本からの観光客の方も同じ気持ちになったことがあると思います。

仕事でワイキキの街に出ると、多くの日本人観光客に会いますが、目が合うと、明るくお互い笑顔で会釈します。ハワイのそんな風土が多くの人々を魅了するのだと思います。

昔気質の日本人

仕事関係の方で、日本から長期出張でハワイに来ている男性がいます。初対面の名刺交換の際に

笑顔で会釈したところ、目も合わせずに完全無視されてしまいました。その後、約1時間ミーティングを持ちましたが、彼が目を合わすことは一度もありませんでした。相当嫌われたのだと思いました。

後日、ミーティングに同席していた仕事仲間が気遣い、一緒にゴルフ、そして食事の場をセッティングしてくれました。丸一日プライベートの時間を一緒に過ごすことで、だんだん打ち解けてきて、彼が私に悪い印象を持っていたのではなかったこと、昔気質の日本人であることがわかりました。とにかく、極度の人見知りで、初対面で人に心を開くことができないというのが理解できました。

笑顔でいることは、すべてをよい方向に導いてくれる

それがわかってからは、逆に彼の不器用さが大好きになりました。周囲に今までいないタイプです。喩えると、洋犬が人懐っこいのに対し、日本犬が人見知りが激しいというイメージです。

ある日、その男性と一緒に行ったハワイアンフードのレストランで写真を撮影する機会がありました。彼は自分の写真写りが気に入らないようで、「僕の写真はどうしてこんなに年齢より老けて見えるんだろう？」と質問してきました。

私はすかさず「笑わずにいつもしかめっ面をしているからです」と切り返しました。続けて「30歳になると、普段の表情や生活がすべて顔つきに出るのですよ」と言いました。彼はムッとした表情でその後は何も話さなくなりました。しかし、半年もすると少しずつですが、笑みが出るようになって、顔つきも穏やかになってきました。日本のビジネスパートナーは、「ハワイの人はいつものんびりしていて、顔つきもしまりがない」と冗談交じりにいいますが、実際に誰を見ても穏やかに見えます。

皆、経済面は裕福ではなくても、心は最高に裕福です。

幼少の頃、祖母にいつも言われていたことがあります。

「笑顔は最高のメイクアップだから、どんなことがあってもいつも笑っていなければいけないよ」と。

【笑顔は最高のメイクアップ】

ニコニコ
笑顔
Smile
笑うから
幸せになれる

ですから、いつも笑う努力はしていました。

笑顔でいることは、すべてを良い方向に導いてくれるのです。

幸せだから笑うのではなく、「笑うから幸せになれる」のです。

ドレスアップしてメイクをばっちりしても、笑顔がなければ誰もあなたには近寄ってきません。

いつも笑顔の人は、周囲にも好感を持たれ、たくさんの仲間に囲まれて楽しいときを送ることができます。

7　ときには弱音を吐いてもいい、間違ってても吸ってしまわないように

目的半ばでハワイを後にすることができない自分がいる

気がつくとハワイに来て8年目になります。最初、ハワイに移住を決めたとき、ロサンゼルスの友人達は口を揃えて「ハワイは小さな島だからすぐに飽きてロサンゼルスに戻ってくるよ」と言っていました。しかし、飽きることは全くありませんでした。そして今、その友人達が言うのは「ハワイはビジネス規模も小さいから早くロサンゼルスに戻っておいで」です。

確かにロサンゼルスに戻ると、仕事内容が充実して収入も安定した生活が送れるのはわかっています。しかし、今目的半ばでハワイを後にすることはできない自分がいるのです。性格は、父親譲りの頑固者だと認識しています。

ハワイの自転車操業ビジネス

ハワイにいると仕事の規模も小じんまりしています。ファミリーで協力して経営しているビジネスが多く、最初にハワイに来たときは戸惑いました。事あるごとに「アメリカ本土のスタイルでやろうとしても誰も相手にしてくれないよ」と叱責されていました。

自分の中の常識で話をしていた規模がハワイでは異なり、聞き手にはよいイメージを与えていな

かったというのは、生活をしていくうちに、日々気づいていきました。

正直、ハワイに来て数年後からは、資金も尽きて会社がまわらなくなりました。一時的に、スパムとご飯を食べてしのいでいたときは、ロサンゼルスに戻ることも考え、また企業に勤める会社員の人を羨ましくも思ったりしました。

私には、自由な時間をつくることや意思決定をすることができるけれども、経済的な安定感は全くありません。他人の芝が青く見えることも日常茶飯事です。

ただ、ここハワイには自分が辛いときに話を聞いてもらえる友達がいます。自分にとって恥ずかしいこと、情けないことでも何でも話ができる友達がいることが何よりもの支えです。

ハワイでのビジネスの難しさ

これからの課題は、いかにしてハワイで、ビジネスとして夢を実現させるかということです。ハワイは確かに多くの人でにぎわっていますが、前頁でもお話させていただいたように仕事の規模が小さいのです。

ハワイで起業する友達と会うたびにこのような話題になります。そして結果はいつも同じで、「まあハワイに住めるだけで幸せと思うよね」で話が終わるのです。仕事を拡大させたければ他の都市に移住したほうが効率的ですが、ハワイに在住している人達の第一の優先順位はハワイを生活の拠点にするというのが大きな比重を占めているのです。ただ、毎日の生活をしていく上で、自分の弱さを出せる身近な人は数人持つようにすることは大切なことです。

第9章　日系人1世として、故郷日本の誇り　47歳

1 自分の長所を生かす方法を見つける

自分が日本人として扱われなくなったとき

47歳、自分自身は全く何も変わっていないのに、周囲の私に対する対応が変わってきたように思います。人生の半分以上を海外で過ごしていることで、日本から見ると私はアメリカ人のように映るようになってきたからなのかもしれません。

以前から、日本に行ったときに、毎回「彼女はアメリカに住んでいるので、日本のことはよくわかりません」と紹介されるのは自分にとって辛いことでした。確かに日本に行くと、場所によっては、切符の買い方や改札口の通り方がわからなかったこともあります。またカラオケに行っても、20年以上前の曲しかわからないので周囲からいつも笑われます。それが嫌で、日本に行っても電車に乗らず、カラオケも行かないようにしていた時期がありました。

気持ちが徐々に変わっていったのは、メンターから受けた諸々のアドバイスが大きく影響していますます。それと同時に年齢を重ねて、少しだけ性格が丸くなったのかもしれません。

アメリカにいるときは、日本語も話せるアメリカ人

祖父が住職だったことも関係しているのか、私は海外というだけで拒絶反応を示すような家庭に

育ちました。海外に出てから、家族の海外に対する見解も徐々に変わってきました。

長年海外に住みながらも常に日本に帰ることを考えていました。もう帰らないかなと考え始めたのは、起業を考え始めた頃からです。それまでは、海外生活を送りながらも自分はいつも中途半端だと感じていました。

アメリカにいるとアジア人と言われ、日本に帰るとアメリカ人と言われていました。この気持ちは説明するのが難しく誰にも言うことがなかったのですが、ある日メンターに「自分の居場所がないように思う」と打ち明けました。するとメンターは、「君は何てラッキーガールなんだ！　アメリカにいるときは、日本語も話せるアメリカ人として、日本にいるときは英語の話せる日本人として、それをプラスに生かしたらいいじゃないか」と言ったのです。

この一言で自分の気持ちがずいぶん楽になりました。自分のコンプレックスもプラスに生かせるのだと感じた瞬間でした。

それ以降は、日本に行くと何もかもが新鮮に見えるようになり、楽しくて仕方ない気持ちになりました。私の習慣がすっかりアメリカに馴染んでしまったからなのだと受け入れることができるようになりました。

マイナスに捉えることではなく、逆に、外国から見た日本の良さをこれからは伝えていくことができればと思えるようになったのです。

まずは、自分をオープンにして第三者の方に相談することで、自分の長所を生かしていける方法を見い出すことができる場合もあります。

2 自分の気持ちは相手への鏡

信じることと裏切られることのリスク

良し悪しは別にして、私は昔から人と駆け引きすることが苦手で、すぐに白黒をつけようと、結論を急いでしまう傾向があります。

仕事の場合は、すべてを任せてしまうことからスタートします。周囲には「そんなに任せてしまって、もし裏切られたらどうするの？」と言われますが、信じて裏切られることのほうが、信じないで疑うことよりも幸せだと思うのです。信じることができなければ、何も真剣に始めることができないからです。確かに信じて痛い目にあったことも何度もあります。

こんなことがありました。周囲から気をつけなさいといわれていた人が、会社に面接に来ました。噂に反し、実際に面接すると彼は口下手で、とても謙虚だったので、採用に踏み切りました。しかし、数年後にその人から足元をすくわれて多くのものを失ってしまいました。そのときは、ショックでしたが腹は立ちませんでした。

なぜならば、自分が決めて採用したことですし、彼を信じていたという自己満足があったからです。また、彼も事情があって非常識な行動に出たのだと自分自身に言い聞かせました。

まずは人を信用することが大切

仕事であれ、生活であれ、まずは人を信用することが一番大切だと思っています。信用することができなければ、何をするにしてもスタート地点に立つことすらできないのです。裏切る人もいますが、それ以上に信用できる人もたくさんいます。

ですから　裏切られたことはイレギュラーなこととして捉えたほうがよいのです。

もちろん、事実関係については原因を究明して、次のステップに生かしはしますが、できるだけ早く忘れることです。

【まずは人を信用する】

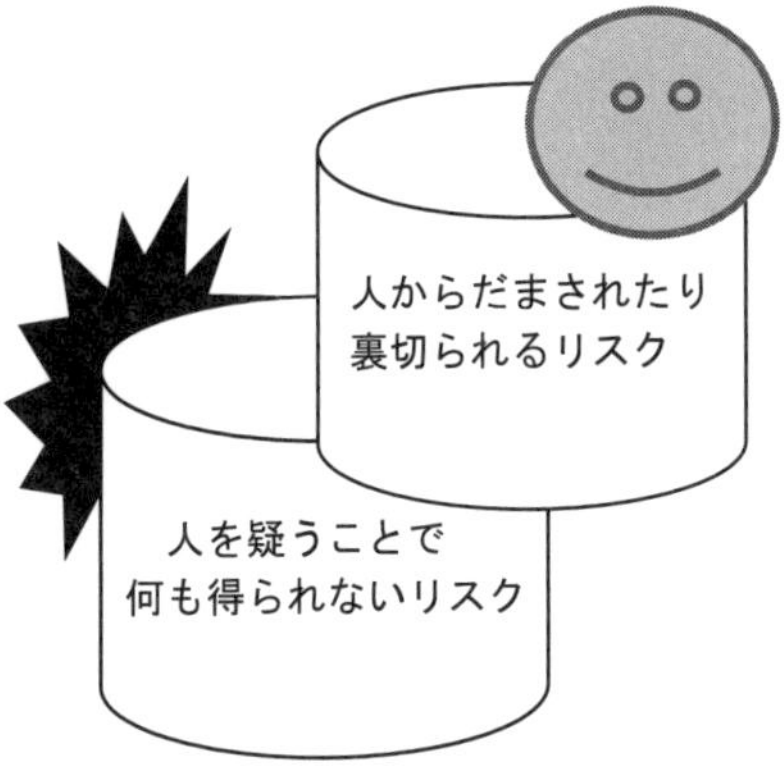

人からだまされたり、裏切られたりするリスクよりも、人を疑うことによって何も得られないリスクのほうがはるかに大きいと私は思います。

人を信用することは、何を始めるにしても、まず基本になります。

もし信用できなければ何も始めることもできないと言っても過言ではありません。

上図にもありますが、人を疑ってしまっていたら、自分が疲れるだけでなく、前進することもできません。

人を疑ってしまう傾向のある人は、意識してでも相手の長所を見つけてみるようにしましょう。

3 なりたい自分に近づく行動をする

故郷を思いながらの人脈構築術

ハワイに移住を決めた1つの理由に、少しでも日本の近くに住みたいという思いもありました。移住を決める前は、ブラジルのアマゾンかハワイのどちらかに拠点を置くかで悩みましたが、最終的には故郷に近いハワイを選びました。前述しましたが、私の長所でも短所でもあるのは、八方美人ということです。長年の生活で自然に身についた処世術だと思っています。八方美人が自分の長所として生かされているのは、人脈構築が得意だということです。

何か新しいことを始めるときに、人脈こそが成功のキーを握っていると確信しています。今まで自分の好きなことをやってくることができたのも、多くの人の協力があったからです。

自分がやりたいことが見えると、まずはそれを実現するための環境に自分の生活をシフトして環境構築していくことが大切です。

日本に帰る機会を増やしアメリカとの架け橋的なビジネスをしたい

なりたい自分というのは、日本に帰る回数を増やし、アメリカとの架け橋的なビジネスをしたいということでした。あまりにも漠然としているのですが、それが第一優先事項でした。

それに続いてジュニアゴルファーの育成、そしてブラジルのジャングル、アマゾンの植物を日本に持って行き、健康食品として開発したいとの思いがありました。結局は、第一優先事項を軸に行動することにしました。当時、日本に近づくためには、日本の需要をもっと知る必要があると思い、何度も日本に足を運びました。自分に何ができるのかはわかりませんでした。まず一歩ずつでも近づいていくために、本当に些細なことでも毎日することが大切だと思いました。

ほとんどの方は、新しいことを始めるときにゴールはわかっていても、途中のプロセスはわかりません。また、わかっているつもりでも、思うように進むことは皆無に等しく、途中で何度も軌道修正をしなければなりません。まずは、試行錯誤しながらでも小さなことから始めればいいのです。

小さなきっかけづくりを毎日してあげる

例えば、オーガニックの石鹸販売を将来的にしたいと思うのであれば、普段使用する石鹸を好きなブランドに変えることから始める等です。

友人で日本でパソコン教室をしている女性がいます。彼女はパソコンが得意なのですが、自分自身は「女性向けに手づくりの石鹸などをつくって販売したい」と言っていました。

ある日、ハワイに遊びにきた彼女に、私はソイ（大豆）キャンドルの手づくりキットを渡しました。とても喜んで、日本に帰ってすぐに会社スタッフと一緒につくったとの連絡を受けました。その後、自分達でつくったキャンドルをインターネットで販売をし、３年後にはキャンドルづくりのスクールを開設しました。

この話は、自分の好きなことができる環境をつくり、自分のできることから始めた友人の実例です。

大きなことをいきなり始めることは難しいですが、好きなことをやってみるくらいなら誰でも簡単にできることかと思います。

まずは、小さなきっかけづくりを毎日してあげることから始めましょう。少しずつ積み上げていくことで、小川は最後に大きな海へと変化するかもしれません。

【毎日小さなきっかけづくりをしていく】

小川 － 何か始める
趣味、お稽古等
大河 － プランがいくつか
見えてくる
海 － 目標が明確になる

上図をみてください。

小川に水もない方は、まずは水を注ぐことから開始してもよいのです。そうすると、プランがいくつか見えてくるようになります。

普段何も考えずにしていることでも、将来的に大きな海に変化することもあります。

毎日小さなきっかけづくりをしていることを意識しながら行動するだけでよいのです。

4 年齢は関係なく自分の楽しみを持つ

新しい仕事への挑戦

最近、メンターにいつも言われていた言葉を思い出します。

それは、「私は生涯現役だ」という言葉です。

日本に行くと、「私はもう若くないから何もできない」と聞くことが多いような気がします。確かに日本では、そのような風潮はあるのかもしれません。しかし、皆が決して同じではありません。知り合いで、50代になってゴルフを始めて夢中になり、1年でシングルプレーヤーになった人もいます。また、別の先輩は62歳で5度目の結婚をしました。

何をするにしても、やりたいことがあれば、年齢は関係ないのです。人はいくつになっても進歩できますし、生きている限りは新しい試みに挑戦することもできます。

私の場合、ゴルフだけで会社を運営するのが難しいこともあり、2年前からテレビショッピングを始めました。そして、それがきっかけで商品販売の楽しさを知り、ハワイ産の製品をプロデュースする仕事も開始しました。毎日が瞬く間に過ぎて、楽しくて仕方ありません。日々勉強の毎日です。年齢は関係なく生きている限り毎日が勉強であると思います。20代の若者から学ぶこともたくさんあります。

母をアメリカに呼んで一緒に旅行したい

昨年、日本に里帰りした際に、母が私に「私もいつお迎えが来るかわからない」と言いました。いつも元気で強気な母の言葉にショックを受け、複雑な気持ちになりました。

この数年、自分の忙しさを理由に母をアメリカに呼んでいないことをとても反省しました。母は、毎年2回アメリカに来るのを一番の楽しみにしていたからです。

今も、母を1日も早く呼んで一緒にアメリカを旅行したいと思いながら執筆しています。いくつになっても楽しみは持っていてほしいと思うからです。家族なら尚更です。

自分の楽しみを持つということ

母のみならず、いつも楽しみを持つということは、自分らしく生き生きとしていることのできる秘訣です。もちろん人は誰でも年齢を重ねますが、30歳を過ぎた頃から自分の生きてきた内容が外見に反映されるから不思議です。

どんな状況におかれても、楽しみを持って生きている人は誰から見てもエネルギッシュで魅力的です。逆にいつも愚痴や不平不満の多い人はそれが顔に出てしまっているのです。

年齢に関係なく何か1つでも、自分が楽しいと思う何かを持ってこれからも過ごしていきたいと思いながら毎日を送ることが、若さ保持や魅力的に見える秘訣です。

5 楽しいところに人は集まる

ハワイアンな生き方

ハワイで生活してから自分が変わったところはたくさんありますが、一番変わったのは怒らなくなったことだと思っています。ロサンゼルス時代は、仕事でも何かあるたびに感情が表にでてしまい口論になっていた時期がありました。ハワイにきた当初もそうでした。それが変化したのは、怒ることに疲れたからということに尽きます。

ロサンゼルスは、日本よりものんびりしていますが、ハワイの比ではありません。私が、ハワイに来て最初に苛立ちを覚えたのは、どこに行ってもロサンゼルスの2倍近くの待ち時間がかかってしまうことでした。

日本人観光客にも心地よい空間を演出している

日本で、「時間の使い方」等のセミナーをさせていただいたこともありましたが、ハワイの時間の使い方は当時の私にとっては、無駄が多すぎると思ったのです。しかし、ハワイに来て数か月もすると私の思い込みは間違っていたのだと気づきました。

確かに、ハワイのペースはすべてにおいてスローですが、結局それで帳尻があっているのがわかったのです。これほどまでに、世界中の観光客を魅了するのも、このゆったりしたアロハの雰囲気が島全体に行き渡っているからなのです。

ただ、日本ではこのペースは全く受け入れられません。しかし、郷に入れば郷に従えという言葉もあるとおり、このハワイのペースが日本人観光客にも心地よい空間を演出しているのです。

日本のビジネスパートナー

日本のビジネスパートナーは、「ハワイで半年住んだら、日本で社会人として復帰するのは難しい」と言います。

自身の経験からそのように言っているのですが、これは少なからず当てはまると思いながら聞いています。ただ、そうは言われながらもやはり楽しいところに人は集まりますので、多くの人を魅了して惹きつけているのです。それはビジネスパートナーも例外ではありません。

ハワイにいると、クヨクヨ悩んだり、起こってもいないことで考えすぎたりすること自体が無駄に思えてきます。

全く何も考えないこともよくないですが、ハワイアンのようにスローペースになってしまうのも、幸せな生き方の1つかもしれません。

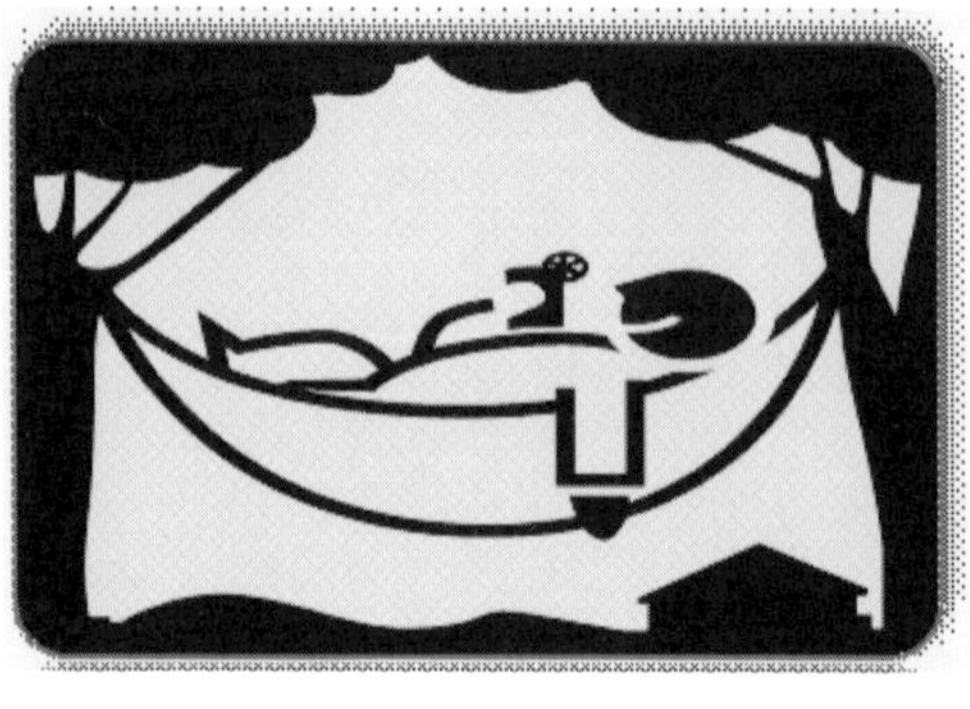

⑥ 考え方でなく、感じ方が人間を決める

ハワイの人はなぜ楽しそうなのか

これは私だけが思っていることではないのですが、誰を見てもいつもニコニコ笑っているイメージのハワイ、以前日本から来ていた仕事関係の方がこのように言っていたのを思い出します。「ハワイのスタッフが、仕事で大失敗をしたので、解雇通達を出すために日本から来たのに、目を合わせたときの人懐っこい笑顔を見ると何も言えなくなってしまったよ」とのことでした。

私にも同じ経験がありました。以前、ハワイのビジネスパートナーはローカルの日系人でしたが、自他共に認める短気な人でした。ただ笑顔が最高で生徒からも人気のインストラクターでした。

人前であろうと、すぐに怒る人でしたが、その後笑顔が出ると、すべてを忘れてまた一緒に楽しく話ができるというタイプの人でした。笑顔はどんな言葉にも変えがたく、人の感情をよい方向に動かす効果があります。

ポジティブな感情があって初めて向上していく

日本は、ハワイと比較すると物事を深く分析する傾向があります。もちろん考えることは必要で、特にビジネスにおいては感情を抑えて追求していくことも必要とされる場面が多くあります。

しかし、結果をみると、ビジネスも感情によって大きく左右されているのがわかります。好き、やりたいというポジティブな感情ありきです。

信頼関係をつくりビジネスを成功に導くのも、また普段の生活において幸福感を得られるというのもすべて自分の感情が決めているのです。

あまり、考えて結果を出すことに意識をとらわれずに自分の感情で進んでいくことがすべてが幸せに、かつスムーズに進む方向なのです。

【いつも感じ方が人を決める】

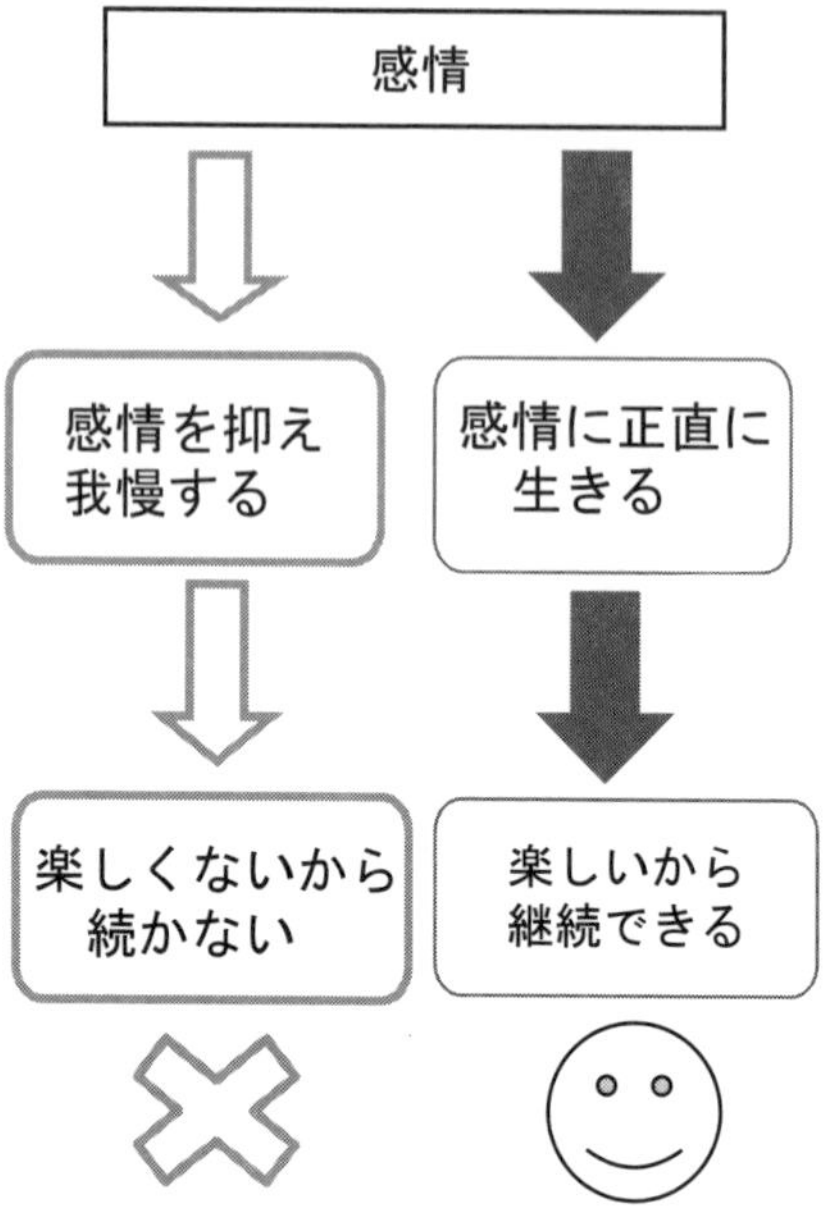
感情
感情を抑え我慢する
感情に正直に生きる
楽しくないから続かない
楽しいから継続できる

仕事上で問題が生じたとき感情を捨てて判断を迫られることがあります。

しかし、後で振り返ってみると最終的に自分の感情のほうが優先された結果になっていることが多いのです。

仕事も人生も自分の感じ方で決めることが、すべて順調に進んでいく秘訣であり、楽しいから長続きし、結果に成功への近道にもなるのす。

７ 人が喜ぶことをすると、自分も最終的に幸せになれる

自分がされて嬉しいこと

今年48歳になります。自分自身は何も変わっていませんし、20代の気持ちのつもりですが、周囲の私に対する目は変わってきています。

まず、年齢を重ねるごとに自分にアドバイスをくれる人は確実に少なくなってきています。50歳を目前に新たな分岐点に立ち、これからをどう生きるかを考えることがあります。今まで本当に自由奔放に感情の赴くままに生きていますが、次のステップに進むには、もう少し他人の気持ちがわかる人間にならなければいけないと感じています。

アメリカでは、幼少の頃から、ホスピタリティを大切にしなければいけないという教育を学校や家庭で受けます。また、学校や諸団体が中心になって、授業や部活動の一部としてボランティアや寄付を行います。

これは大変重要なことだと感じています、ボランティアを行うことで、普段自分と接点のない方との出会いがあるほか、人の気持ちが汲み取れるようになります。

これからの自分の課題は、「自分がされて嬉しいことを他人にもするようにして、自分がされたら嫌なことは他人にもしない」です。当たり前のことなのですが、これがなかなかできていないの

です。人が喜ぶことで、結局は自分も含め、すべてが幸せになるのです。

いつも冷静に自分の生活を変えずにいくことが大切

これは自分の体験談で、今だからお話できることです。

私は、ハワイに移住してからの8年間で何度も資金繰りがうまくいかなくなったことがあり、家賃が払えなかったこともあるほどです。ただ、そのときに借金をしてでもゴルフに行ったことで状況は改善されました。

逆に、焦りから何でも仕事をするというハングリーなスタンスに身をおいたときは何もかもがうまく進みませんでした。きっと、お腹を空かせた動物のように、目が血走っていたのだと思います。

そうなると周囲の誰もが身構えて、一緒に仕事をしようという気持ちにはなれなかったようです。

これは今後も気をつけないといけない重要なポイントにもなると思っています。もし、どうしようもないほど困っていたとしても、いつも冷静に自分の生活を変えずにいけるようにすることが大切なのです。

それは相手の立場になったときに、相手が望んでいることでもあるのです。

「自分がされて嬉しいこと」と「相手もされて嬉しいこと」は対極になるように見えて、実は同様です。特に、自分が辛い、苦しいときは意識してでも、冷静さを保つようにすることです。

相手が喜ぶことをすることは、結果、自分が喜ぶこととなって返ってくるのが自然の流れなのです。

未来の章　50歳からの分岐

1 時が来るのを静かに待つ

何でもその場で白黒をつける傾向

大人になると、自分自身の短所、苦手なこともわかるようになります。前項でもお話しましたが私の短所の1つとして、何でもその場で白黒をつける傾向があります。会社員時代から、仕事柄その場で決断しなければいけない状況が多くなり、いつの間にかそれが習慣になってしまっているのだと思います。

今思うこととして、これからは時の流れに乗りながら無理して決断を急ぐのはやめようと考えています。直感を感じた場合は、それに従って進むことも1つの方法だと思います。

ただ、周囲から急がされて、その場での決断をした場合、後に後悔することが多いのも事実です。人は、自分の意思で決断したことには覚悟を持って突き進むことができますが、他人から何かを言われて、仕方なく出した決断は、自分の思いが入らないので、継続するのが難しいのです。

根底の部分で思いに勝るものはない

経営者の知人達から幾度となく聞いた言葉があります。

それは、「この人を信じてついていかなければならないと思ったけれど、気持ちが変わった。あのとき、無理に結論を急いだのがよくなかった。これからはあくまでもビジネスとして、割り切って付き合う」というものです。

「仕事なのだから当たり前」と思われるかもしれませんが、経営者であっても、このように考えるのです。結局は老若男女を問わず、仕事、生活共に感情が中心で動いているのです。

つまり、どんな人であっても根底の部分で、思いに勝るものはないということなのです。

もし無理をして決めなければならない状況に陥ったときは、適当にごまかしてでも、時が過ぎ行くのをじっくり待って自然に結論がでるのを待ってみようと思うのです。

結論を遅らせることが良いといっているのではありません。あくまでも、流れに逆らって無理をすることをやめようということです。焦ることでよい結果を生むことはまずありませんし、頑張ったところで一人でできることには限界があります。

私の家族や周囲は、日本人としてもせっかちな方なので、時間を急いだがために失敗した場面もたくさん見てきました。だからあえて意識してでもゆっくりと進んでもよいかと思うのです。

私自身も急いだがために、すべてが中途半端になり失敗したことが多々あります。自分のキャパを超える仕事量をこなそうとすると、結果全部が中途半端になり、何もうまく進んでいないというケースが多いのです。そして私があせってるときに、黙って静かに努力していた人が最終的にはすべてうまく進んでいるのです。

好き嫌い、できるできないというのを自覚しながら無理をせず、時には休憩しながら、少しずつ前進することができればと思っています。

②知らないことを聞ける人を増やす＝心の財産を増やす

何があっても人に質問を投げかける

大人になると、幼少時代とは異なり、わからないことに対して質問することが臆病になってしまいます。プライドが邪魔している場合が多いのですが、これは間違った考え方です。

私も他人に質問することが苦手なほうで、いつも携帯電話で検索したりして、自分で結論を出そうとする傾向があります。それに引き換え、今仕事で毎日のようにご一緒している方は50代なのですが、人に質問を投げかけます。

会社では、マネジメントクラスの方なので、何でも知ってそうに見えるのですが、少しでも疑問を感じるとまず質問が先に出るのです。最初は驚きましたが、今は見習おうとさえ思っています。

彼女いわく「調べるよりも、聞いたほうが早い」という考えが根底にあるようです。

心豊かに生きて行く術

最初は彼女のことを「質問ばかりする」とバカにする人がいたのも確かです。しかし、時間が経つに連れ、彼女の部下すべてが彼女をとても信頼するようになりました。

彼女は最初から、部下を信頼して、自分のプライド等をあまり考えずに、自分の正直な気持ちを、そのまま部下にぶつけ体当たりで接しているからです。

一言でいうと、彼女のように自分の思うがままに、気持ちに正直に生きていくことこそが大切で、それが心豊かに生きて行く術だとも思うのです。

心の財産を増やす

人に何でも質問できるというのは、言い換えるとその人を信用しているというのが根底にあります。相手は、自分が信用されていると思うと、決して悪い気はしません。まして、自分より年上の人が質問を投げかけてくれたら尚更です。

心の財産を増やすというのは、時代が流れて自分がいくつになっても視野と見解を広めていくことだと思っています。特に、高校生や大学生から今後流行りそうな事柄を聞いたりして、それを自分のビジネスやスキルアップにつなげることは大切です。

まず人に聞けないという思い込み、恥ずかしさ、プライドを忘れて1日1つ誰かに質問をすることから始めようと思います。

1日1つでも1年で365もの新しい情報がインプットされるのです。

必要でない情報は自然に忘れてしまいますが、必要なことはどこかに書き留めておくことで、心の財産の貯蓄が徐々に増えてきます。

心の富を築ける人が最終的には物心両方豊かになっていくようになっています。

3 何度失敗しても、人脈さえ失わなければ後は何とかなる

人脈を大切にしなければ何もうまくいかない

この言葉はミッションでもあります。

振り返ると、私は家族という一番大切な絆の代替に仕事をしてきました。自分で認めたくないことなのですが、周囲や家族にいつも言われ続けてきたので間違いないと思っています。

22歳のとき、オーストラリアへ赴任した際も、母に「家族から離れるのだから、その分仕事は成功して欲しい」と言われたのを覚えています。

また、5年前に離婚を経験しましたが、そのときも「仕事と僕とどちらを選ぶか？」と聞かれ、迷わず「仕事」と答えた翌日に、主人は居なくなってしまいました。今でも元夫に「僕と犬を犠牲にしているんだから仕事くらい成功してよね」と笑いながら言われています。本当にそのとおりで、それを感じながら社会人として人生を送ってきました。

家族という一番大切なものを犠牲にして、偉そうなことは言えないのですが、いつも感じているのは、人脈を大切にしなければ何もうまく進まないということです。

反面教師のような状況におかれているので、余計に強く感じるのかもしれません。

人を大切に思う気持ちさえ持ち続ければ、これからも幸せに過ごせる

一人暮らしが長い分、1日16時間ほど仕事をしていた時期も数年間ありました。また、それなりの良い生活をしていた時期もありました。

逆に家賃が払えずに友人宅に居候させていただいていた時期もあります。

そんな繰り返しの人生で今思うことは、やはり家族や友人が一番大切だということ、人とのつながりを大切にしなければならないということです。私が何度も家賃も払えず、明日からどのように生きて行ったらよいか路頭に迷ったときに助けてもらったのは、近くにいた友人でした。家族ではありませんが、友人がいなかったら今の私はありません。

アメリカ人から学んでいることは、家族が第一優先で、家族がいるから仕事、そして私生活が成り立っているということです。全くそのとおりだと思いますし、また機会があれば家族を持ちたいと考えています。

話は少し逸れましたが、人を大切に思う気持ちさえ持ち続ければ、これからも幸せに過ごすことができるというのは間違いありません。

振り返ると、公私共に苦しく、毎日の生活に追われていた時期は、人に対して優しい気持ちを持つことも困難でした。気持ちに余裕があり、自分はいつも幸せだと思えて初めて人にも優しくできるようになります。

これからの人生、自分自身を追い込まず常に他人の気持ちになって物事を考え、そしてアドバイスできるように自分を持っていくようにしたいと考えています。

4 好きか嫌いかの判断基準を大切に

気の合う仲間達と、好きなことをしている

3年前にビジネスパートナーと発足させた新会社は、何でも話すことのできる仲間が集まって楽しく仕事ができるようにとの目的で設立しました。

メンバー全員が50歳になっても、仕事を趣味のようにしている人達で構成されています。メンバーは、経営者ばかりですが、好きな仲間と好きな仕事をしているので、1つのプロジェクトがうまくいかなくても、何度も再チャレンジしています。

仕事に関わらず何をするにしても、「99回失敗しても、100回目で1度でも成功すればそれは大成功」といわれています。

1％の確率は見方によっては低いかもしれませんが、それでも良しとされるのは気の合う仲間達と、好きなことをして同じ目標に向かっているからです。

嫌いなことは仕事も、人間関係も何も継続していない

社会人なのだから、他人に合わせて、時には我慢しなさいと言われるかもしれませんが、我慢するよりも我慢しなくてよい環境をつくってあげるほうが、より効率が良くなるのは当たり前です。

誰もが我慢をしなくてよいのであれば、それに越したことはありません。

自分の心の中で、好きか嫌いかがすでに決まっているのであれば、その気持ちに正直に生きていくべきだと思うのです。それは世渡りのために八方美人が身についてしまった私が、今強く思っていることでもあります。

結局は嫌いなことは仕事も、人間関係も何も継続していないということがわかったからです。

自分の好き嫌いも素直に受け入れる

仲間でビジネスを始めたからといってもすぐに軌道に乗ることはありません。もちろん成功に至らなかったプロジェクトもあります。

ただ、一時は撤退したとしても、次に同じ失敗を繰り返さないように吟味して何度でもチャレンジしようと思えるのは、好きなことをやっていることに加え、大好きな仲間で一緒にしているからです。

好き嫌いの判断基準をしっかり持つことも必要なことです。好きな人は言い換えると、基本自分が信用している人でもあります。自分が信頼していれば、相手も信用してくれているというのが普通です。

好き=信頼は、ビジネスの一番の基本でもあるので、今一度原点に戻って自分の感情を素直に受け入れて毎日を過ごすことが大切だと思っています。

5 「平凡」ほど大切で貴重なものはない

誰一人として「平凡」といえる人がいない

自分自身の反面教師となっているのかもしれませんが、私は24時間いつも一緒にいる家族にずっと憧れており、その気持ちは今も変わりません。離婚も経験しているので、余計に考えるのかもしれませんが、「平凡」ほど、難しいことはないと感じています。

アメリカ人、日本人に関わらず、色々な方の話を聞いていると、話をする人の数だけ物語もあります。そして、誰一人として「平凡」といえる人はいないのです。

サザエさんを絵に描いたような平凡な家庭への憧れ

昨年実家に戻った際に、高校時代の同級生にばったりと会いました。20数年ぶりに会い、近況報告をしていたのですが、彼女は「本当にサザエさんを絵に描いたような平凡な家庭だけど、楽しくやっています」とのことでした。社会人になってはじめて聞いた言葉でした。

彼女は私のことを羨ましいと言っていましたが、私は逆に彼女が羨ましくて仕方ありませんでした。50歳以降はハワイで平穏でかつ平凡に毎日を過ごしていくことが目標でもあります。今さら平凡になることは難しいですが、サザエさん一家は理想でもあり、憧れでもあります。

6 親、そして日本への想い

何をするのが親孝行なのか

年齢を重ねるにつれ、日本にいる母のことが気になります。日本を離れて四半世紀が過ぎたにも関わらず、未だ故郷に帰りたいとの思いもどこかにあります。

アメリカ在住の友人・知人で50歳を機に日本に帰国した夫婦が何組かいますが、私もその気持ちは理解できます。

実際にできる、できないは別にして、何をするのが親孝行なのか、また日本に戻ったほうが良いのか、悩むことがあります。

年々故郷日本への想いは増していく

以前は、母を年2回アメリカに呼んでいたのですが、この数年は忙しさもあり、それができていないことが気になっています。このような思いは、海外に住んでいる方なら、大なり小なり感じていることだと思います。

気がつくと海外生活が3年、5年、10年と経過し、その期間に比例し、故郷日本への想いは増していくのです。ない物ねだりかもしれませんが、2か月に1度は日本に帰りたいと思いながら毎日を過ごしています。

親は自分にとって一番大切な存在

毎年、大晦日になるとカウントダウンでホノルルの街中で鳴り響く花火の音を聞きながら、日本のお正月、初詣を思い出しています。おせち料理は苦手なのですが、お正月の雰囲気を味わいたいという思いはいつもあります。

初詣も日本ならではの風習なので、お正月になるとホームシックが募ります。

先日、ハワイの友人が、「あと何回親に会えるのだろう!?」としみじみと言いました。私もあまりそんなことは考えたことがなかったのですが、しんみりと考えてしまいました。

時間と経済面が許せば、年数回は色々な場所を見にいくことができればというのが一番の夢です。この夢を友人に話をしたときに、「小さな夢」といって笑われましたが、私はこれが一番大きな夢でもあり、贅沢なことでもあると思っています。

海外にいるので、何かを言い訳にして、日本の家族に会えないということだけはしたくないと考えていますが、今まさにその状況です。何とかして、日本に行って母と旅行できる状況をつくっていきたいと常日頃考えています。

「子供ができて初めて親の有難味がわかる」といわれますが、親は自分にとって生涯親であって何ものにも変えることができません。この年齢になって親と一緒に過ごす時間というのは、ある意味一番の醍醐味でもあり、第一優先事項だということを確信しています。

7 できることだけをやっていける環境と仲間を増やす

いつも自分の気持ちに素直に生きていきたい

30代の頃、自分に何ができるのかをずっと模索しながら仕事をしていたような気がします。渡米した1994年から、自分が普通のお嫁さんになって平凡な家庭を築くというのが難しいというのが何となくわかりました。

これから将来どうなっていくのかわからないまま毎日を過ごしています。ただ1つ思うのは、気持ちだけはいつも自分に素直に生きていきたいということです。

アメリカで仕事をしながら生きていくと決めたとき、漠然とですが、自分で何か商売をして生きる道をつくっていこうと考えていました。具体的にそれが何かはわかりませんでした。

ただ、お金持ちになって、年2回は母と一緒に旅行に行きたいと思っていました。しかし、いつも最後の一押しで崩れてしまう自分がいるのです。

40代になってやっと自分のできること、できないことが明確になりました。私にできるのは、新しい企画や何かを切り開いていくことです。そしてできないことは、最後に交渉事をまとめるクロージングの役割です。今では、それぞれ得意分野の異なる人が集まって一緒に仕事をして、同じ良いグループ構成で仕事もできるようになりました。

思いを曲げずに生きてきたらいつかは花が咲く

我慢をするのも必要といわれるかもしれませんし、それもまた理解できます。しかし、短所を克服するよりも、長所を伸ばしていくほうが何倍もの効果が得られ、プラスになると思うのです。

これからは、我慢せずにやりたいことをして生きていける環境をもっと濃くしていくことができればと考えています。日本だからできない、海外だからできるということは考えないことにします。

自分の思いを曲げずに生きていれば、いつかは花は咲きます。全員が味方になってくれなくても、一人でも共感してくれる人がいるだけで人生好転することもあります。

まずは、これから少しずつ自分の好きなことができる時間をもっとつくっていっていただければと思います。

50歳になってからできる友達

2年前に友人を介して日本で英語学校を運営している女性と知り合いました。彼女はスペインとイタリア、日本のクオーターで何でもはっきり言う女性です。初対面から気が合い、ハワイや日本でも一緒に食事をするのですが、彼女からの言葉が、私の心にとても強く残っています。

彼女は、「この年になって、欠点なんてなかなか直らないんだから、欠点は理解してお互いに長所を伸ばしあって付き合おうね」と言ったのです。そのとおりです。

人の欠点は目に付きがちですが、あくまでも人の長所に目を向けられるように毎日を過ごすことができれば、とても楽に過ごせると思うのです。

8 最後に…

アメリカンインディアンの教え

アメリカンインディアンの教えがあります。

「生まれてくるとき自分は泣いているのに周囲の人達は笑っている。だから死ぬときは自分は笑って周囲は泣いている。そんな人にならなければならない」

私は事あるごとに、この言葉を思い出します。

いくつになっても人に支えられて成長し続けている

過去、何度も大きな壁にぶつかりました。そのたびに挫折しそうになり、すべてを投げ出しそうになったり、逃げたいとも思いました。

そこで踏みとどまることができたのは、自分に関わっている人達のことと、その人達の家族の気持ちを思い返したからでした。もし、一人であれば、何度も逃げ出していたに違いありません。

メンターからも会うたびに言われています。

「いくつになっても、人は人に支えられて成長し続けている」と。

私も最近特にその言葉を感じながら毎日を過ごしています。

著者略歴

宮崎　ゆかり（みやざき　ゆかり）

リスペクト・スポーツ・アンド・エンターテイメント株式会社　代表取締役
ハワイ・ロサンゼルス在住。

兵庫県生まれ。大学卒業後、旅行会社に就職。23 歳のときにオーストラリア（ゴールドコースト）に渡り、3 年間現地旅行会社に勤務。24 歳で、オーストラリア（ケアンズ）支社の立上げを行い、その後ニュージーランドのクイーンズタウンに転勤。海外添乗員として、年間 210 日は海外出張という日々を送る。その間に、54 か国を訪れ、人との出会い、つながりの大切さを再認識する。
1994 年に単身渡米。渡米後は、旅行会社で働く傍ら、現職の原点ともなる経営コンサルタントの相談を受け始める。
2006 年、ジュニアアスリートのスポーツ環境をもっと良くしたいとの願いから、ハワイにゴルフアカデミーを設立。近い将来、ボーダレスな世界をつくっていくことを目標に、世界中を飛び回る生活を送って現在に至る。
現在、ハワイを基点に、ロサンゼルス、日本に拠点を持って活動。日米企業の経営コンサルタント、ゴルフ他各種イベントの企画制作、各種セミナー講演を行っている。
著書：「仕事も、人生も、メンターがいればうまくいく」（ユウメディア出版）
「なぜゴルフをすると仕事も人生もうまくいくのか」（中経出版）
「起業成功を呼ぶ７つの教え」（edaikokudo ／電子書籍）

がんばらない生き方で充実した人生を手に入れる

2013年8月23日　発行

著　者　宮崎　ゆかり　©Yukari　Miyazaki
発行人　森　　　忠順
発行所　株式会社 セルバ出版
〒 113-0034
東京都文京区湯島 1 丁目 12 番 6 号 高関ビル 5 B
☎ 03（5812）1178　　FAX 03（5812）1188
http://www.seluba.co.jp/
発　売　株式会社 創英社／三省堂書店
〒 101-0051
東京都千代田区神田神保町 1 丁目 1 番地
☎ 03（3291）2295　　FAX 03（3292）7687

印刷・製本　モリモト印刷株式会社

Printed in JAPAN
ISBN978-4-86367-117-1